KATRIN WITTMANN

KRÄUTER

70 KÜCHENKRÄUTER VON A–Z

mit Minirezepten zum Kennenlernen

INHALT

FASZINIERENDE KRÄUTERWELTEN

Auf den ersten Blick grün und unscheinbar, überraschen uns Kräuter immer wieder mit ihrer Fülle an Aromen: Mal duften sie anisartig-süß wie zartblättriger Kerbel, mal herrlich aromatisch wie sonnengesättigtes Basilikum, dann wieder würzigherb wie mediterraner Oregano. Andere Pflanzen verströmen einen erfrischenden oder blumigen Zitronenduft, wie die Zitronenmelisse und -verbene. Diesen enormen Aromenreichtum zu erleben, zu riechen und zu schmecken, ist an sich schon ein Vergnügen. Und das Beste: Er lässt sich auch in der Küche nutzen. Oft reichen schon ein paar Blättchen, um den Geschmack eines Gerichtes abzurunden oder Bewährtem einen ganz neuen Charakter zu geben.

Kräuter bringen Leben in die Küche und erweitern mit ihrem Duft und Geschmack unseren kulinarischen Horizont. In den Kurzporträts von A–Z erfahren Sie zu allen Kräutern das Wichtigste zu Aussehen, Aroma und Verwendung, wo und wie sie gedeihen und wann sie am besten geerntet werden, meist noch ergänzt durch ein Minirezept zum Kennenlernen.

In letzter Zeit wird Kräutern auch aufgrund ihrer Inhaltsstoffe wieder vermehrt Beachtung geschenkt. Viele Aromapflanzen haben eine positive Wirkung auf unseren Körper. Manche Lehre aus dem Erfahrungsschatz des alten Heilwissens wurde inzwischen von der Forschung bestätigt. Daher lohnt die Entdeckung der Kräuter gleich doppelt: Sie bringen Gesundheit und Geschmack in unser Leben.

Viel Spaß beim Kochen und Genießen, Gärtnern, Entdecken und Experimentieren wünscht Ihnen
Katrin Wittmann

KRÄUTER

UND IHRE
VERWENDUNG

Aromatische Blätter, Stängel und Blüten bereichern seit Jahrtausenden das Leben der Menschen. Schon früh erkannte man ihren immensen Reichtum an Aromen und Wirkstoffen und verwendete Kräuter zum Würzen und Heilen. Im Mittelalter gelangte das Wissen der Alten Ägypter, Griechen und Römer über die Alpen nach Norden bis nach Mitteleuropa. Anfangs waren es vor allem die Mönche und Nonnen in den Klöstern, die eigene Kräutergärten anlegten, Wissen über Kräuter zusammentrugen und weitergaben. Kaiser Karl der Große gab eigens eine Empfehlung heraus, was in Zukunft angebaut werden sollte, und dazu zählten viele mediterrane Kräuter und Pflanzen.

KRÄUTER IN KLOSTERGÄRTEN

Ihre Erfahrungen in Anbau und Verwendung machten die Mönche und Nonnen zu Spezialisten in Sachen Kräuter und Landwirtschaft. Sie gaben ihr Wisssen an die umliegenden Dörfer und Gemeinden weiter. Vor allem die Frauen – Bauersfrauen, Hebammen und Heilerinnen – erkannten den Nutzen dieser kostbaren Geschenke der Natur. In Form von Tees, Auszügen, Salben und Tinkturen konnten Kräuter Gebrechen lindern und Krankheiten heilen. Sie waren unentbehrliche Zutaten der frühen Heilkunst. Besonders intensiv widmete sich die Benediktiner-Äbtissin Hildegard von Bingen (1098–1179)

den aromatischen Pflanzen und ihren möglichen Heilwirkungen. Sie verfasste mehrere Bücher und Abhandlungen darüber, die ihren bis heute anhaltenden Ruhm begründeten. Das Besondere war, dass sie das Wissen der Antike mit den Erfahrungen der Volksmedizin zu kombinieren wusste. In den folgenden Jahrhunderten stand der

medizinische Aspekt beim Kräuteranbau im Vordergrund.
Ändern sollte sich dies erst, als die Küche im 18. und 19. Jahrhundert raffinierter und frischer wurde. Neue Techniken
ermöglichten einen schnelleren Transport von Lebensmitteln,
eine bessere Vorratshaltung und neue Formen der Zubereitung.
Gewürze spielten nicht länger die dominierende Rolle. Fortan
galt es nicht mehr, den Eigengeschmack von Speisen zu über-
decken, sondern ihn durch passende Aromen zu ergänzen.
Und genau dafür eignen sich die aromatischen Blätter und
Blüten ausgezeichnet.

KRÄUTER BRINGEN GESCHMACK IN DIE KÜCHE

Kräuter lassen sich in der Küche überaus vielseitig verwenden:
Einmal sind sie Gewürz, geben Fisch, Fleisch, Geflügel und
Gemüse das gewisse Etwas.
Ein andermal verwandeln
sie sich in Kombination
mit Butter oder Öl zu einem
geschmacksintensiven
Würzmittel, bestens geeignet zum Aromatisieren
von Brot, gegrilltem oder
gebratenem Fisch und
Fleisch. Dann wieder sind
Kräuter selbst Hauptzutat,
etwa in Salaten, Suppen,
Füllungen oder auch als Be-
lag einer pikanten Quiche.
Heiß überbrüht schmecken
die grünen Blätter frisch
oder getrocknet als Tee und

in Alkohol angesetzt als Likör … und, und, und. Die Liste
ließe sich noch lange fortsetzen. Wann und in welcher Menge
nun aber welches Kraut in der Küche zum Einsatz kommt,
entscheiden in erster Linie Aroma und Geschmack. Stark-
würzige, bittere Kräuter wie Wermut oder Weinraute werden
generell sparsam verwendet. Milder schmeckende, aromatische

Arten wie Basilikum, Koriander oder Petersilie können entsprechend großzügig dosiert werden. Entscheidend ist zudem die Textur: Zartblättrige Kräuter wie Kerbel eignen sich nicht zum Mitgaren. Starker Hitze ausgesetzt, verflüchtigen sich die Aromastoffe rasch. Pflanzen aus dem Mittelmeerraum mit ledrigen, eher derben Blättern wie Lorbeer, Rosmarin oder Thymian sind dagegen Hitze gewohnt, bei ihnen bleiben die Aromastoffe beim Garen erhalten. Im Gegenteil, oft verstärkt die Hitzeeinwirkung beim Braten oder Backen oder auch der Wasserentzug beim Trocknen das Aroma noch. Beachtet man einige Grundregeln, sind Kräuter überaus vielseitig und lassen sich gut untereinander kombinieren. Welche Küchenkräuter zusammenpassen – darüber gibt die Tabelle in der vorderen Umschlagklappe Auskunft. Und welches Kraut sich in puncto Aroma durch welches ersetzen lässt, sollte es einmal nicht erhältlich sein, können Sie der hinteren Umschlagklappe entnehmen. Mit welchen anderen Kräutern einzelne Arten wie Salbei, Sauerampfer oder Schnittsellerie harmonieren und zu welchen Gerichten sie am besten passen, erfahren Sie in den Kräuterporträts von A–Z. Diese enorme Vielfalt in Aroma und Verwendung und die immensen Kombinationsmöglichkeiten der Kräuter untereinander, die immer wieder zu geschmacklichen Überraschungen führen, begeistern Köche und Genießer gleichermaßen.

WERTVOLLE INHALTSSTOFFE

Während Kräuter aus der Küche nicht mehr wegzudenken sind, haben sie als Heilmittel viel von ihrer einstigen Bedeutung verloren. Erst seit sich die Forschung auf der Suche nach neuen Präparaten gegen Krebs und andere Zivilisationskrankheiten verstärkt den Pflanzen und ihren Wirkstoffen zuwendet, sind die grünen Alleskönner wieder ins Rampenlicht gerückt. Viele Erfahrungswerte und Erkenntnisse aus Klöstern und Volksmedizin konnten inzwischen durch die Forschung bestätigt werden. Demnach schmecken Kräuter nicht nur ausgezeichnet, sondern leisten darüberhinaus einen wertvollen Beitrag für unsere Gesundheit. Dank ihres Gehalts an Vitaminen und Mineralstoffen unterstützen sie das körpereigene Immunsystem. Petersilie beispielsweise enthält 250 mg Vitamin C pro 100 g, Kopfsalat im Vergleich dagegen nur 13 mg pro 100 g. Zudem finden sich in vielen Kräutern Schleimstoffe, Flavonoide sowie Gerb- und Bitterstoffe. Vor allem Letztere – aus zahlreichen Gemüsearten des milderen Geschmacks wegen extra herausgezüchtet – erweisen sich als Wohltat für Magen und Verdauung. Hinzu kommen die ätherischen Öle, flüchtige Verbindungen, die für das Aroma der Pflanzen verantwortlich sind. Sie haben häufig eine antioxidative, antimikrobielle und/oder antivirale Wirkung, die heute auch in der Medizin genutzt wird. Generell gilt also: Kräuter sind gesund! Doch wie bei so vielem kommt es auch hier auf die richtige Dosierung an. »In allen Dingen ist ein Gift, und es ist nichts ohne ein Gift. Es hängt allein von der Dosis ab, ob ein Gift ein Gift ist oder nicht«, wusste schon Paracelsus (1493–1541). Salbei ist hierfür ein gutes Beispiel: Das Kraut hat zahlreiche positive Inhaltsstoffe, enthält daneben aber auch das Nervengift Thujon, genauso wie Beifuß, Thymian, Rosmarin oder Wermut übrigens auch, und sollte daher nicht über einen längeren Zeitraum hinweg in größeren Mengen zu sich genommen werden. Ein paar Blättchen, die in der Küche als Gewürz dienen, sind dagegen völlig unbedenklich.

BEIM EINKAUF AUF QUALITÄT ACHTEN

Da Kräuter in der Küche überwiegend frisch verwendet werden, gilt es, beim Einkauf besonders auf gute Qualität zu achten. Auf Märkten oder im Supermarkt angebotene Bundware muss appetitlich duften und frische Schnittflächen haben. Die Blätter

dürfen nicht welk oder gelb verfärbt sein. Von muffiger, in Folie verpackter Ware sollte man die Finger lassen. Eine gute Alternative bieten die ebenfalls auf Märkten und im Lebensmittelhandel angebotenen Topfkräuter, idealerweise in Bio-Qualität. Da sie bei sachgemäßer Pflege mehrere Wochen oder gar Monate halten, lohnt die Investition. Exotische Kräuter sind oft in Folie verpackt in Geschäften für asiatische, orientalische oder südamerikanische Lebensmittel erhältlich. Auch hier gilt: nur frische, appetitlich aussehende Kräuter kaufen! Viele ausländische Sorten und exotische Gewächse gibt es inzwischen auch bei speziellen Kräuter- und Staudengärtnereien, die ihre Jungpflanzen oder Samen auch über das Internet versenden (S. 158f). Getrocknete Küchenkräuter sind in den Gewürzregalen der Supermärkte zu finden, viele Arten gibt es auch in der Apotheke oder im Reformhaus in guter Qualität zu kaufen. Einige Kräuter verlieren beim Trocknen allerdings so viel Aroma, wie etwa Basilikum, dass man besser auf das getrocknete Kraut verzichten und sich für die frische Variante im Topf entscheiden sollte. Eine Alternative bieten hier sortenrein oder nach Verwendung zusammengestellte Mischungen tiefgekühlter Kräuter. Schwieriger kann es mit dem Kauf von Wildkräutern werden. Zwar bieten einige Gärtnereien frische Wildkräuter an, in der Regel gelangen jedoch nur wenige Arten (z. B. Bärlauch) in den Handel.

WILDKRÄUTER

Essbare Wildpflanzen, allen voran die Wildkräuter, haben in den letzten Jahren Furore gemacht. Zum einen bereichern sie mit ihren interessanten Aromen die Auswahl der Salatkräuter, zum anderen überzeugen sie aufgrund ihres außerordentlich hohen Gehalts an Vitaminen und Mineralstoffen, der den von Kulturpflanzen

oft weit übertrifft. Giersch etwa punktet beim Eiweißgehalt, Brennnessel bei Kalzium, Magnesium, Phosphor, Vitamin C und Provitamin A. Gerade im Frühjahr, wenn die Vorräte des letzten Sommers allmählich aufgebraucht und die Küchenkräuter gerade erst gesät sind, liefert das wilde Grün wertvolle, vom Körper jetzt dringend benötigte Inhaltsstoffe. Beim Selbstsammeln heißt es jedoch aufpassen und nur solche Pflanzen mitzunehmen, die man auch wirklich gut kennt und sicher bestimmen kann. Da viele Wildpflanzen sich nur schwer von ihren ähnlich aussehenden, giftigen Doppelgängern unterscheiden lassen, sind Experimente hier absolut unangebracht. Besser ist, sich auf einige wenige, bekannte Arten zu konzentrieren und diese dann auch zu nutzen.

WILDKRÄUTER SAMMELN

Selbst mit einem Korb loszuziehen, sich draußen zu bewegen und nach frischem, jungem Grün Ausschau zu halten, macht Freude. Allerdings müssen beim Sammeln von Wildkräutern ein paar Grundregeln beachtet werden, damit dem gesunden Genuss nichts im Wege steht: Geerntet wird grundsätzlich nur auf ungedüngten, fernab von Straßen liegenden Flächen. Geeignete Plätze, um mit der Suche zu beginnen, sind beispielsweise ungedüngte Streuobstwiesen, Feldraine und wenig begangene Waldwege. Öffentliche Parks, stark frequentierte Spazierrouten, Viehweiden oder mit Pestiziden behandelte Ackerflächen sind dagegen absolut tabu. Ein von vielen oft übersehener Fundort ist der eigene Garten, sofern hier keine Chemie zum Einsatz kommt. Es lohnt, den Rasen einmal genauer zu betrachten: Vermutlich erweisen sich einige der üblichen, bislang nur als lästiges Unkraut wahrgenommenen Pflanzen dann tatsächlich als essbare Wildkräuter. Giersch, Gundermann, Löwenzahn oder Scharbockskraut wachsen meist ganz von allein unter Hecken oder am Gartenzaun, lässt man ihnen nur ein wenig Raum. Und statt die Pflanzen Jahr für Jahr mühsam mithilfe mechanischer und chemischer Unkrautvernichtungsmittel aus dem Rasen zu drängen, serviert man sie doch lieber als Salat, Risotto oder Pesto. Zumal das Aufspüren und Ernten in diesem Fall ja weder große Umstände macht noch allzu viel Zeit in Anspruch nimmt.

KRÄUTER ERNTEN

Der beste Zeitpunkt, um Kräuter und essbare Blüten zu ernten, ist der Vormittag an sonnigen Tagen. Dann ist der Tau abgetrocknet, die ätherischen Öle steigen in den Stängeln hoch und die Pflanzen

sind besonders aromatisch. Messer und Scheren erweisen sich als nützliche Erntehelfer, sie ermöglichen ein glattes Abtrennen der Stängel und Zweige von der Pflanze. Größere Mengen zum Trocknen schneidet man am besten während einer Schönwetterperiode vor der Blüte, da die Kräuter dann den höchsten Gehalt an ätherischen Ölen und somit das meiste Aroma enthalten. Bei kühlem Regenwetter bilden sie dagegen weniger Aroma- und Inhaltsstoffe aus. Zudem sind die Blätter vor Beginn der Blüte in der Regel zarter und saftiger. Nach dem Verblühen werden sie fester und derber, sind aber immer noch genießbar. Transportieren lässt sich die Ernte entweder locker in einem Korb oder, bei längeren Wegen oder verschiedenen Kräutern, nach Arten und Sorten getrennt in Papiertüten verpackt, um das aromatische

Grün vor dem Austrocknen zu schützen.

KRÄUTER RICHTIG VORBEREITEN

Werden Kräuter gleich weiterverarbeitet, braust man sie kurz unter fließendem kaltem oder lauwarmem Wasser ab, um anhaftenden Staub sowie kleine Verunreinigungen zu entfernen. Gößere Mengen frischer Kräuter werden trocken geschüttelt. Kleinere Mengen können mit einem Küchentuch oder mit Küchenpapier trocken getupft werden. Robuste Arten wie Petersilie oder Löwenzahn lassen sich auch in der Salatschleuder trocknen. Zartblättrige Kräuter schwenkt man besser in einem Seiher oder Sieb trocken.

KRÄUTER ZERKLEINERN

Das Abzupfen der Blättchen oder Nadeln erfolgt in der Regel von Hand. Wie die Kräuter dann weiter zerkleinert werden, richtet sich nach dem Verwendungszweck: Zunächst häuft man die Blätter oder Nadeln auf dem Schneidebrett leicht an, für Saucen und Dips hackt man sie dann mit einem großen, schar-

fen Messer oder dem Wiegemesser fein, zum Mitgaren eher grob. Sollen die Kräuter als Garnitur oder sichtbare Einlage dienen, ist es besser, zum Zerkleinern die Küchenschere zu verwenden, um schöne, glatte Schnittkanten zu erhalten. Einmal zerkleinert, verflüchtigen sich die ätherischen Öle rasch, die Kräuter verlieren dann schnell ihr Aroma und sollten umgehend weiterverarbeitet werden.

FRISCHE KRÄUTER AUFBEWAHREN

Gerade bei Kräutern gilt: je frischer, desto besser. Ernte oder Einkauf sollten also möglichst am Tag der Verwendung erfolgen. Stehen die Kräuter auf dem Balkon, der Terrasse oder im Garten, ist die kurzfristige Ernte kein Problem. Anders sieht es beim Kauf von Bundware oder exotischen Kräutern aus. Hier müssen Kräuter schon mal 1 bis 2 Tage aufbewahrt werden. Gut zu wissen, dass dies ohne allzu großen Qualitätsverlust möglich ist. Dafür stellt man die Stängel und/oder Zweige entweder in ein Wasserglas oder man packt sie locker in einen Gefrierbeutel oder eine Gefrierdose aus Kunststoff und legt sie dann in das Gemüsefach des Kühlschranks. Die meisten Kräuter lassen sich auf diese Weise problemlos 2 bis 3 Tage aufbewahren.

KRÄUTER TROCKNEN

Um die Aromen von Kräutern länger zu konservieren, gibt es verschiedene Möglichkeiten. Am einfachsten ist das Trocknen, doch ist diese Methode nicht für alle Kräuter geeignet. Manche verlieren dabei zu viel an Geschmacksstoffen. Gut trocknen las-

sen sich mediterrane Kräuter mit harten Stängeln und festen, ledrigen Blättern, wie Rosmarin, Thymian, Salbei oder auch Zitronenverbene. Zum Trocknen können einzelne Blättchen auf einem Trockenrahmen ausgelegt werden; das kann eine mit einem Gazetuch bespannte Obstkiste sein (siehe Bild links unten). Oder aber man bindet einfach kleine Kräutersträußchen und hängt diese dann kopfüber an einem gut belüfteten, schattigen Platz auf. Wem ein solcher nicht zur Verfügung steht, kann seine Kräuter auch in einem Dörrapparat oder auf dem Rost im Backofen (bei 30 °C, die Tür einen Spalt offen lassen) trocknen. Der optimale Trocknungsgrad ist erreicht, wenn die Blätter rascheln und sich leicht zerreiben lassen. Getrocknete Kräuter lassen sich im Ganzen aufbewahren, in der Regel werden die Blätter jedoch von den Stängeln gestreift und weiter zerkleinert. Sehr feste Blättchen wie bei getrocknetem Thymian streift man ab und zerreibt sie zwischen den Händen oder zerrebelt sie mit dem Nudelholz. Zum Aufbewahren werden die Kräuter dann in dunkle, luftdicht schließende Gläser oder Dosen gefüllt.

KRÄUTER EINFRIEREN

Die meisten Kräuter lassen sich sehr gut einfrieren, wobei ihr Aroma oft besser erhalten bleibt als beim Trocknen. Ideal ist etwa das Einfrieren der gewaschenen und zerkleinerten Küchenkräuter in Eiswürfelbehältern oder kleinen Gefrierdosen. In Folie verpackt lassen sich Kräuter später bei Bedarf einzeln entnehmen und ohne vorheriges Auftauen direkt zum Aromatisieren verwenden. Ganze Stängel und Zweige friert man in etikettierten Gefrierbeuteln ein. Aufwendiger ist das Einfrieren einzelner Blätter: Dafür bestreicht man ein Stück Pergamentpapier mit Öl und belegt es mit den vorbereiteten abgezupften

Blättern, etwa mit schönen großen Salbeiblättern. Darauf folgen weitere Lagen Ölpapier mit Kräuterblättern. Zum Schluss wird alles in Alufolie eingeschlagen und beschriftet. Bei dieser Methode bleiben Farbe und Struktur am besten erhalten, und die Blätter können lagenweise entnommen werden.

KONSERVIEREREN IN ESSIG UND ÖL

Sehr gut bleiben die Aromen von Kräutern und Wildkräutern beim Einlegen in Essig oder Öl erhalten. Kräuteressige und -öle eröffnen interessante Würzmöglichkeiten, insbesondere für Salate, Dressings und Vinaigrettes. Aber auch Vorspeisen mit Fisch und Meeresfrüchten oder Gemüse lassen sich mit ein paar Tropfen Basilikumöl oder Zitronenverbenenessig verfeinern. Zum Mitgaren eignen sich Kräuteressige und -öle weniger, sie sollten immer erst gegen Ende der Garzeit hinzugefügt werden.

KRÄUTERESSIG

Die Herstellung von Kräuteressig ist denkbar einfach, neben den Kräutern benötigen Sie dafür nur durchsichtige, verschließbare Glasgefäße und Essig. Dieser sollte nicht zu sauer sein und nicht zu viel Eigengeschmack haben. Gut eignen sich milde Obst-, Wein- oder Branntweinessige. Für asiatische Kräuter können Sie auch Reisessig verwenden. Ansetzen lassen sich Essige mit Kräutermischungen oder mit einzelnen Kräutern. Mischungen sehen in der Flasche dekorativ aus (als Geschenk), sortenreine Kräuteressige sind in der Küche aber einfacher zu handhaben, da jedes Aroma für sich zur Verfügung steht und so besser dosiert werden kann. Die Menge der Kräuter bestimmt die Intensität des Essigs und kann nach Geschmack variiert werden. Als Faustregel gilt: Eine Glasflasche (1/2 bis 1 l) locker mit 1 Handvoll gewaschener, trocken getupfter Kräuterblätter oder 3 bis 5 Stängeln füllen. Dann die Flasche mit Essig auffüllen, dabei darauf achten, dass alle Kräuter gut bedeckt sind, gut verschließen (Kork, Bügel- oder Schraubverschluss) und 2 bis 4 Wochen an einen sonnigen Platz (Fensterbank) stellen. Fertig ist der Kräuteressig! Für Dillessig etwa 5 bis 7 Dillstängel mit 1/2 l mildem Weißweinessig übergießen und 2 bis 3 Wochen ziehen lassen. Die Kräuter können anschließend in der Flasche bleiben oder entfernt werden. Kräuteressige können Sie an einem kühlen, dunklen Ort in der Regel 8 bis 9 Monate aufbewahren.

KRÄUTERÖL

Auch für Kräuteröle sind gewaschene, trocken getupfte Kräuter die Basis. Zum Aufgießen eignet sich mildes, kaltgepresstes Olivenöl oder anderes kaltgepresstes Öl. Dafür die Kräuter in eine Flasche füllen, mit Öl bedecken und 3 Wochen durchziehen lassen, dabei aber nicht der direkten Sonne aussetzen. Anschließend das Kräuteröl durch ein Sieb gießen und kühl und dunkel lagern. Es hält gut 6 Monate. Für Basilikumöl füllt man 25 Basilikumblätter in eine Flasche und gießt 1/2 l Olivenöl dazu. Nach Belieben können weitere Gewürze wie Knoblauch, Zitronenschale oder Chilischoten hinzukommen.

KRÄUTERSALZ UND KRÄUTERZUCKER

Kräutersalz und -zucker lassen sich mit getrockneten oder frischen Kräutern herstellen. Für Kräutersalz 20 g getrocknete Kräuter mit 150 g grobem Meersalz vermischen und fein mahlen. Für Kräuterzucker rechnet man 15 g getrocknete Kräuter (z. B. Gewürztagetes, Lavendel) auf 100 g Zucker. Salz aus frischen Kräutern hält nur 1 Woche: dafür 1 Teil Kräuterblätter mit 3 Teilen grobem Meersalz vermengen und dann im Mörser fein zerreiben.

KRÄUTER SELBST ZIEHEN

Einen eigenen kleinen Kräutergarten anzulegen, sei es in Töpfen auf Balkon und Terrasse oder in einer Ecke im Garten, macht wenig Arbeit, viel Freude und hat einige Vorteile: So hat man die wichtigsten Küchenkräuter und das eine oder andere exotische Gewächs schnell zur Hand und spart sich den Weg zum Laden. Im einfachsten Fall besteht dieser kleine Garten aus Topfkräutern oder von Kräutergärtnereien vorgezogenen Jungpflanzen, die dann im Laufe der Zeit in Kübel oder größere Töpfe umgepflanzt werden.

KRÄUTER AUF BALKON UND TERRASSE

Die meisten Kräuter gedeihen problemlos in Töpfen, Kübeln und Balkonkästen, sofern die Versorgung mit Wasser und Nährstoffen gewährleistet ist. Allerdings bleiben die Pflanzen in der Regel etwas kleiner und gedrungener als im Garten. Ob sich Kräuter in Topfkultur gut entfalten können, ist auch eine Frage des richtigen Gefäßes: Ton- und Terrakottatöpfe passen optisch ausgezeichnet zu Kräutern, trocknen jedoch schneller aus als Pflanzgefäße aus Kunststoff. Im Prinzip lässt sich jedoch fast alles zum Bepflanzen mit Kräutern verwenden, auch Holzkästen, Metall- oder Steingefäße. Grundvoraussetzung ist nur, dass sie ein Loch haben, durch das überschüssiges Wasser jederzeit gut abfließen kann. Tonscherben oder Steine auf dem Boden von Töpfen und Kübeln sorgen für eine gute Dränage. Zudem sollte die Topfgröße der Größe der Pflanze entsprechen: Hohe Pflanzen benötigen breite Gefäße mit einem großen Durchmesser, da sie sonst bei starkem Wind leicht umfallen. Für kleine Bäumchen (Lorbeer) genügt ein schmalerer, am Boden mit Steinen beschwerter Topf.

Stark wachsende Kräuter wie Minzen werden gerne in Töpfen und Kübeln gehalten, um ein Überwuchern anderer Kräuter zu verhindern. Ideal ist die Kübelkultur zudem für nicht frostfeste Pflanzen, die im Winter ins Haus oder in den Wintergarten gebracht werden müssen.

KRÄUTER IM GARTEN

Wer genügend Platz in seinem Garten hat, kann eine kleine Ecke mit Kräutern bepflanzen oder einen Kräutergarten nach altem Vorbild anlegen. Vor allem mehrjährige oder sich selbst aussäende Kräuter machen hier viel Freude, da sie im Frühjahr Jahr für Jahr aufs Neue austreiben. Einjährige Kräuter müssen dagegen immer neu ausgesät oder als Jungpflanzen gekauft werden.

AUF BODEN UND STANDORT ACHTEN

Besonders wichtig für den erfolgreichen Anbau sind der entsprechende Boden und der richtige Standort. Manche Pflanzen wachsen nur auf kalkhaltigen, mageren Böden in voller Sonne wirklich gut, wie beispielsweise Oregano. Andere wiederum, wie Koriander, gedeihen nur auf durchlässigen, nährstoffreichen Böden an halbschattigen Standorten.

ANBAUTIPP
Viele Kräuter benötigen ausreichend Nährstoffe. Im Herbst eingearbeiteter Kompost oder Mist vom Bio-Bauern hilft, den Boden zu verbessern. Eine Alternative ist Bio-Dünger aus Gartencentern (Hornspäne). Torfhaltige Gartenerden sollte man dagegen nicht verwenden.

KRÄUTER RICHTIG GIESSEN UND DÜNGEN

Mediterrane Kräuter vertragen Trockenheit, dafür keine Nässe, bei Wasabi und Rau om ist es genau umgekehrt. Wichtig ist, jede Pflanze entsprechend ihren Bedürfnissen zu gießen, und zwar am besten mit Regenwasser oder abgestandenem Leitungswasser. Topf- und Kübelpflanzen sollten immer ausreichend feucht gehalten werden, da sie schneller austrocknen. Die beste Zeit zum Gießen ist morgens oder abends, wobei idealerweise

nur der Boden befeuchtet oder das Wasser in den Untersetzer gegossen wird. Staunässe vertragen die meisten Pflanzen nicht, darum sollte überschüssiges Wasser im Untersetzer nach dem Gießen ausgegossen werden. Unterschiede gibt es auch beim Nährstoffbedarf: Mediterrane Kräuter wie Lavendel, Rosmarin oder Thymian bevorzugen karge Böden und benötigen keinen oder nur wenig Dünger. Anspruchsvollere Kandidaten wie Liebstöckel, Petersilie oder Schnittlauch sind dagegen für Düngergaben dankbar. Dafür nimmt man am besten selbst angesetzte Brühe oder Jauche aus Beinwell oder Brennnesseln:

> BRÜHE: 100 g Pflanzenmaterial mit 1 l Wasser heiß übergießen, erkalten lassen und direkt oder leicht verdünnt verwenden.
> JAUCHE: 1 Eimer Pflanzenmaterial mit 1/2 l Regenwasser an einem warmen Ort 4 Wochen zugedeckt stehen lassen, abgießen und stark verdünnt verwenden, etwa 1 EL auf 1 l Wasser.

KRÄUTER SÄEN UND SETZEN

Einjährige und viele mehrjährige Kräuter lassen sich gut aus Samen ziehen. Dies ist die günstigste Art, an die begehrten Aromapflanzen zu kommen. Achten Sie beim Einkauf auf hochwertiges Saatgut. Das gibt es im Fachhandel (vor Ort und online), bei Gartencentern und im Frühjahr auch in vielen Supermärkten. Ab Mitte Mai kann direkt ins Freiland gesät werden. Bei kälteunempfindlichen Arten (Kerbel, Kresse) liegt der Aussaattermin etwa 4 Wochen früher. Bei allen anderen Kräuterarten ist die Aussaat in Anzuchtschalen oder Minigewächshäusern auf der Fensterbank empfehlenswert, das ermöglicht eine frühere Ernte. Für die Anzucht wichtig ist zudem das geeignete Substrat. Baumärkte und Gartencenter bieten spezielle Mischungen, sogenannte Aussaat- oder Anzuchterde, an.

Um gut zu gedeihen, benötigen die Sämlinge ausreichend Platz. Wie viel Abstand und Abdeckung die Samen brauchen, entnehmen Sie am besten dem Saatguttütchen. Stehen die Keimlinge nach dem Aufgehen zu dicht, werden sie mit dem Pikierstab mitsamt der Wurzel vereinzelt und in kleine Töpfe umgesetzt.

ANBAUTIPP
Deckt man die Erde zwischen den einzelnen Kräuterpflanzen mit Mulchmaterial ab (Rasenschnitt oder über den Winter kompostierte Blätter von Laubbäumen) , bleibt der Boden länger feucht und es wächst weniger Unkraut.

KRÄUTER VERMEHREN UND PFLEGEN

Viele Kräuter lassen sich auch über Stecklinge vermehren. Das hat den Vorteil, dass schneller größere Pflanzen zur Verfügung stehen. Dafür schneidet man gesunde Triebe mit der Schere ab und entfernt die unteren Blätter. Anschließend kürzt man den Stängel etwas und drückt ihn vorsichtig in kleine, mit Substrat (im Fachhandel erhältlich) gefüllte Pflanzbehältnisse aus verrottbarem Material oder in kleine Töpfe. Manche Kräuter wie Schnittlauch oder Zitronenmelisse können durch Teilung des Wurzelstocks vermehrt werden. Für kompakte, kräftige, gesunde Pflanzen sind ein Formschnitt nach der Blüte und ein kräftiger Rückschnitt im Frühjahr empfehlenswert.

KRÄUTER ÜBERWINTERN

Am richtigen Standort und bei passenden Temperaturen können auch nicht winterharte Kräuter die kalte Jahreszeit gut überstehen. Je nach Herkunft benötigen sie einen kühlen oder warmen hellen Platz. Dementsprechend sind der kühle Wintergarten oder Fensterbänke in unbeheizten oder warmen Räumen dafür ideal. Mehr zu Pflege und Überwinterung der einzelnen Pflanzen finden Sie in den jeweiligen Kräuterporträts.

GRUNDREZEPTE

Kräuter bieten mit ihrer immensen Aromenfülle ein breites Feld zum Experimentieren. Hierzu bedarf es keiner komplizierten Rezepte. Fangen Sie die wundervollen Aromen Ihrer Duft- und Küchenkräuter doch einfach mit einem der folgenden, ganz einfachen Grundrezepte ein.

KRÄUTERTEE (HEISSER AUFGUSS)

1 TL getrocknete oder 1 EL frische Kräuterblätter mit 150 ml kochendem Wasser übergießen und 5 bis 10 Minuten ziehen lassen. Den Tee durch ein Sieb gießen und genießen.

KRÄUTERKALTAUSZUG

1 bis 2 EL zerkleinerte frische Kräuterblätter mit 150 ml kaltem Wasser übergießen und die Mischung zugedeckt 2 bis 5 Stunden ziehen lassen, anschließend die Flüssigkeit abgießen und bei Bedarf passieren. Kaltauszüge eignen sich beispielsweise zur Zubereitung von Sorbets und Granités.

KRÄUTERLIMONADE

3 bis 4 EL Kräuterblätter (Zitronenverbene, -melisse) mit 300 ml kochendem Wasser übergießen, 5 Minuten ziehen lassen, den Sud durch ein Sieb gießen, in eine 1-l-Flasche füllen, 300 ml Apfel- und 1 EL Zitronensaft hinzufügen und mit Mineralwasser auffüllen.

KRÄUTERLIKÖR

50 bis 80 g Kräuter mit 0,75 l Alkohol (Korn) übergießen und 2 bis 3 Wochen zugedeckt ziehen lassen. 250 g Zucker mit 1/2 l Wasser aufkochen, mit dem durch ein feines Sieb gegossenen Kräuterauszug vermischen und kurz aufkochen. Den Likör in Flaschen abfüllen und 3 bis 4 Wochen an einem dunklen Ort reifen lassen.

KRÄUTERPESTO

100 g frische Kräuter-
blätter grob zerkleinern,
mit 1 TL Salz im Mör-
ser zerreiben oder mit
dem Pürierstab pürie-
ren. 150 ml Olivenöl
unterrühren und das
Pesto mit Salz abschme-
cken. Nach Belieben zu-
sätzlich mit 40 g gerie-
benem Parmesan und
1 bis 2 EL gemahlenen,
gerösteten Pinienker-
nen verfeinern.

KRÄUTERBUTTER

100 g weiche Butter in
eine Schüssel geben und
mit 1 bis 2 TL Zitronen- oder Limettensaft, 1 Prise Salz und
3 bis 4 EL fein geschnittenen Kräutern verrühren. Die Butter
auf Frischhaltefolie geben, zu einer Rolle formen und im Kühlschrank fest werden lassen. Die Kräuterbutter zum Servieren in
Scheiben schneiden.

KRÄUTER-JOGHURT-DIP

150 g Naturjoghurt mit Salz, Pfeffer und 1 TL Olivenöl glatt
rühren und 4 EL fein geschnittene Kräuterblätter untermengen.
Den Dip nach Belieben noch mit edelsüßem Paprikapulver,
Frühlingszwiebelringen oder 1/2 geschälten und fein gewürfelten Knoblauchzehe würzen.

KRÄUTER-VINAIGRETTE

2 EL Zitronensaft mit 1 EL Weinessig, Salz, Pfeffer und 1 TL
mittelscharfem oder scharfem Senf verrühren. 6 EL mildes Olivenöl kräftig unterschlagen und 3 EL fein geschnittene Kräuter
unter die Vinaigrette rühren.

KRÄUTER

VON A–Z

Mertensia maritima

AUSTERNPFLANZE

ANDERE NAMEN › Blauglöckchen.

VERBREITUNG › Die Pflanze wächst an schottischen und nordatlantischen Küsten.

AUSSEHEN UND MERKMALE › Die mehrjährige, bedingt winterharte, kriechende, zur Familie der Raublattgewächse zählende Pflanze wird selten höher als 20 cm. Ihre bläulich graugrünen, zarten Blätter sind glatt und fleischig und werden etwa 6 cm lang. Die blauen Blütenglöckchen erscheinen ab Juni.

AROMA UND GESCHMACK › Die Blätter schmecken nach Austern und Anchovis und erinnern an Borretsch.

ANGEBOTSFORMEN › Saatgut und Jungpflanzen in Kräutergärtnereien.

IN DER KÜCHE › Verwendung finden nur die frischen Blätter und Stängel, roh oder kurz gegart.

BESONDERS GUT ZU › Fisch und Meeresfrüchten, Salaten, Suppen, Rohkost und Joghurt- oder Quarkdips. Die Blätter können aber auch wie Spinat als Gemüse zubereitet werden.

TIPPS ANBAU & ERNTE › Die Austernpflanze liebt lockere, leicht salzige Böden an sonnigen bis halbschattigen Standorten. Am besten in Töpfen ziehen. Die Aussaat erfolgt im zeitigen Frühjahr in Pflanzgefäße, geerntet wird die ganze Saison über.

AUFBEWAHRUNG UND KONSERVIERUNG › Die Blätter halten sich in einem Gefrierbeutel im Kühlschrank 2 bis 3 Tage.

Lippia dulcis

AZTEKISCHES SÜSSKRAUT

VERBREITUNG › Das Kraut ist in Mittel- und Südamerika verbreitet.

AUSSEHEN UND MERKMALE › Die ausdauernde Pflanze aus der Familie der Eisenkrautgewächse wird bis zu 30 cm hoch. Die spitz-ovalen, behaarten Blätter sitzen an langen Ranken, die kleinen weißen Blüten erscheinen im Herbst.

AROMA UND GESCHMACK › Die Blätter haben ein minziges, an Melone erinnerndes Aroma mit Kampfernote und schmecken sehr süß. Die Blüten duften nach Honig.

WIRKUNG › Verdauungsfördernd, entspannend und schleimlösend, in kleinen Mengen gut gegen Erkältungen und Bronchitis.

ANGEBOTSFORMEN › Als Jungpflanzen in Kräutergärtnereien erhältlich.

IN DER KÜCHE › Frische Blätter und Stängel, getrocknet verlieren sie ihre Süßkraft. Das Kraut eignet sich nicht generell als Zucker-ersatz, lässt sich jedoch gut zum Süßen von Tees und Des-serts verwenden. Dafür die Blätter heiß überbrühen und etwa 5 Minuten ziehen lassen.

VERTRÄGT SICH GUT MIT › Goldmelisse, Limetten-Agastache, Minze, Zitronenmelisse, Zitronenverbene.

TIPPS ANBAU & ERNTE › Der Anbau erfolgt am besten in Kübeln oder als Ampelpflanze an warmen, sonnigen Orten. Auf der frostfreien kühlen, hellen Fensterbank kommt die Pflanze gut über den Winter und kann ganzjährig beerntet werden.

WISSENSWERTES › Den Azteken galt das Kraut als Universalheilmittel.

Allium ursinum

BÄRLAUCH

ANDERE NAMEN › Wilder Knoblauch, Waldknoblauch, Ramsen.

VERBREITUNG › Bärlauch ist in Europa und Asien weit verbreitet und in feuchten Laub- und Auwäldern bodendeckend anzutreffen.

AUSSEHEN UND MERKMALE › Das mehrjährige Wildkraut aus der Familie der Amaryllisgewächse hat zwei grundständige, langgestielte, lanzettförmige Blätter, die 20 bis 30 cm hoch werden können. Die kugeligen Blütendolden mit weißen sternförmigen Einzelblüten erscheinen von April bis Mai.

AROMA UND GESCHMACK › Blätter und Blüten haben einen kräftigen Knoblauchgeschmack, Bärlauch ist jedoch weniger scharf.

WIRKUNG › Bärlauch wirkt reinigend, belebend, entgiftend und Bluthochdruck senkend. Er baut Arterienverkalkung ab und saniert die Darmflora (wichtig etwa nach der Einnahme von Antibiotika).

ANGEBOTSFORMEN › In der Saison als Bundware an der Gemüsetheke und auf Wochenmärkten erhältlich. Bei Kräutergärtnereien bekommt man Bärlauch-Jungpflanzen.

IN DER KÜCHE › Die ganze Pflanze ist essbar, überwiegend werden junge, frische Blätter verwendet. Die weißen Blüten ergeben eine dekorative essbare Garnitur.

MINIREZEPT ZUM KENNENLERNEN: BÄRLAUCHPESTO
100 g Bärlauch waschen, trocken schütteln und hacken. Im Mörser 20 g geröstete Pinienkerne mit 1/2 TL Salz zerreiben. Bärlauch und 20 g geriebenen Parmesan untermischen und 80 ml mildes Olivenöl unterrühren.

BESONDERS GUT ZU › Suppen, Salaten, Kräuterbutter, -dips und -frischkäse, Pesto, Nudel-, Kartoffel- und Eiergerichten.

VERTRÄGT SICH GUT MIT DIESEN KRÄUTERN › Bärlauch schmeckt in Mischungen mit anderen Wildkräutern, passt aber mit seinem Knoblaucharoma auch sehr gut zu mediterranen Küchenkräutern wie Basilikum, Oregano oder Thymian.

TIPPS ANBAU & ERNTE › Im Garten gedeiht Bärlauch an humusreichen, halbschattigen bis schattigen Standorten, beispielsweise unter Hecken. Wild sammeln kann man ihn von März bis Mai. Der beste Erntezeitpunkt ist vom zeitigen Frühjahr bis zum Erscheinen der Blüten.

AUFBEWAHRUNG UND KONSERVIERUNG › In einem Gefrierbeutel oder einer Frischebox halten die Blätter 3 bis 4 Tage im Kühlschrank. Zum Konservieren eignet sich am besten Einlegen in Öl (Bärlauchpesto ohne Nüsse und Käse).

WISSENSWERTES › Bärlauch ist ein altes Heilkraut und war schon den Germanen bekannt. Heute ist es das beliebteste Wildkraut.

VERWECHSLUNGSMÖGLICHEITEN
Bärlauch ist an seinem starken Knoblauchgeruch zu erkennen. Aufgrund der ähnlichen Blattform besteht jedoch Verwechslungsgefahr mit Maiglöckchen und Herbstzeitloser (beide hochgiftig!). Ein sicheres Unterscheidungsmerkmal ist der Blattstiel: Beim Maiglöckchen umhüllen die beiden Blätter einander und kommen zu zweit, bei der Herbstzeitlosen rosettenartig aus dem Boden. Nur beim Bärlauch wachsen die Blätter einzeln an langen Stielen direkt aus dem Boden.

Ocimum basilicum
BASILIKUM

ANDERE NAMEN › Genoveser Basilikum, Basilienkraut, Königskraut.

VERBREITUNG › Basilikum ist in vielen Arten und Sorten in den warmen Regionen der Erde verbreitet, vor allem in Indien und Afrika. Das oben abgebildete italienische Genoveser Basilikum zählt zu den beliebtesten Küchenkräutern.

AUSSEHEN UND MERKMALE › Die Wärme liebende, buschige, einjährige Pflanze aus der Familie der Lippenblütler kann bis zu 60 cm hoch werden, bleibt jedoch oft kleiner. Die leuchtend grünen, leicht gewölbten, fleischigen Blätter sind spitzoval und leicht gezähnt. Im Sommer erscheinen kleine weiße Blüten.

AROMA UND GESCHMACK › Genoveser Basilikum ist würzig, sehr aromatisch, erinnert an Nelken und Piment und schmeckt leicht süß und pfefferig-scharf. Je nach Sorte können Aroma und

Geschmack recht unterschiedlich ausfallen, mal dominieren Kampfer- und Anisnoten (afrikanische und asiatische Sorten), mal schmeckt es nach Zitrone oder Zimt (S. 32f).

WIRKUNG › Basilikum wirkt beruhigend, krampf- und schleimlösend, antibakteriell und antioxidativ. Es stärkt das Immunsystem. Zerriebene frische Blätter helfen bei Insektenstichen.

ANGEBOTSFORMEN › Genoveser Basilikum ist an der Gemüsetheke als Bund oder Topfware erhältlich. Spezielle Kräutergärtnereien bieten zahlreiche andere, auch rotblättrige, Sorten als Saatgut oder Jungpflanzen an.

IN DER KÜCHE › Überwiegend frische rohe Blätter und Blüten. Getrocknetes Basilikum hat kaum Aroma.

MINIREZEPT ZUM KENNENLERNEN: BASILIKUM-TOMATEN-DIP
6 reife Tomaten häuten, ohne die Stielansätze würfeln, mit 20 g Gelierzucker in einen Topf geben und salzen und pfeffern. Aufkochen und in etwa 15 Minuten dickflüssig einkochen. Zum Schluss 8–10 in feine Streifen geschnittene Basilikumblätter unterrühren und den Dip mit 1–2 TL Essig würzen.

BESONDERS GUT ZU › Tomaten, Nudeln, Gemüse, Huhn-, Kalb-, Fisch- und Meeresfrüchtegerichten, aber auch zu Salaten, Saucen und Pizza. Süße Sorten eignen sich für Drinks und Desserts.

VERTRÄGT SICH GUT MIT DIESEN KRÄUTERN › Genoveser Basilikum passt zu Petersilie und Schnittknoblauch. Es harmoniert gut mit anderen mediterranen Kräutern wie Oregano, Rosmarin, Salbei und Thymian, wird aber nicht mitgegart.

TIPPS ANBAU & ERNTE › Basilikum gedeiht im Freiland nur bei ausreichend Wärme, sonst besser im Topf auf die Fensterbank stellen. Bei Bedarf immer ganze Triebspitzen ernten.

AUFBEWAHRUNG UND KONSERVIERUNG › Frische Stängel können in einem Wasserglas oder in einem Gefrierbeutel im Gemüsefach des Kühlschranks 2 bis 3 Tage lang aufbewahrt werden. Konservieren lässt sich das intensive Aroma am besten durch Einlegen in Öl (Pesto, Basilikumöl).

WISSENSWERTES › Tulsi oder Tulasi *(Ocimum tenuiflorum)*, das süße indische Basilikum, ist dort ein heiliges Kraut, wird jedoch hauptsächlich für Tee verwendet.

Ocimum basilicum v.

STRAUCH-BASILIKUM

O. b. var. thyrsiflorum

THAI-BASILIKUM

Das Cubanische Strauchbasilikum ist eine ausdauernde, nicht winterharte Basilikum-Variante mit buschig-kugeligem Wuchs. Die robuste Pflanze wird bis zu 60 cm hoch und hat kleine grüne, spitzovale Blätter an verholzenden Stängeln. Da sie spät und wenig blüht, treibt die Pflanze immer wieder nach, die jungen Triebe sind zur laufenden Ernte ideal. Wie alle Basilikum-Varianten liebt sie nährstoffreiche, lockere, mäßig feuchte Böden und einen sonnigen Standort, jedoch möglichst keine pralle Mittagssonne.

› In Aroma und Verwendung ähnelt das Cubanische Strauchbasilikum dem Genoveser Basilikum, das Aroma ist sogar noch etwas intensiver. Die frischen rohen Blätter des Cubanischen Strauchbasilikums sind sehr gut für Tomatengerichte und Pesto geeignet.

Die thailändische Küche kennt drei Arten von Basilikum: das schärfere »bai kaprau«, das zitronige »bai manglak« und »bai horapa«. Wenn hierzulande in einem Rezept Thai-Basilikum verlangt wird, ist in der Regel letzteres gemeint. Horapa oder Horapha ist ein einjähriges, Wärme liebendes Kraut mit violetten Stängeln, länglich spitzovalen, grünen Blättern und rotvioletten Blüten.

› Thai-Basilikum des Typs Horapa hat ein stark anisartiges Aroma und schmeckt würzig-scharf. Es gibt aber auch Sorten mit süßem Lakritzgeschmack. Frische Blätter würzen rote und grüne Currys, Wokgerichte, Suppen und Salate sowie Seafood- und Fleischgerichte. Thai-Basilikum harmoniert gut mit Koriander, Zitronengras und anderen asiatischen Gewürzen.

O. b. ›Cinnamon‹

ZIMT-BASILIKUM

Ocimum americanum

ZITRONEN-BASILIKUM

Diese Basilikumvarietät wird auch als *Ocimum basilicum* var. *cinnamomum* oder als Mexikanisches Gewürzbasilikum bezeichnet und stammt aus Mexiko. Die einjährige, relativ robuste Pflanze kann an idealen sonnigen bis halbschattigen Standorten eine Höhe von bis zu 60 cm erreichen.
Sie hat rote Stängel und grüne, spitz-ovale, am Blattansatz leicht rötlich gefärbte Blätter und kleine rosa Blüten.
› Zimtbasilikum weist ein süßes, intensives Zimtaroma mit leichter Kampfernote auf. In der Küche finden meist frische, rohe oder nur kurz mitgegarte Blätter Verwendung. Zimtbasilikum aromatisiert Bohnen- und andere Gemüsegerichte, Wokgerichte sowie Eis, Süßspeisen und Desserts. Zudem verleiht es Bowlen, Drinks und Kräutertees eine warme Zimtnote.

Basilikumsorten mit ausgeprägtem Zitrusaroma gibt es mehrere, die teils verschiedenen Unterarten angehören. Das Kleinblättrige Zitronenbasilikum ist einjährig. Die Wärme liebende Pflanze kann bei optimalen Bedingungen bis zu 60 cm hoch werden, hat kleine grüne, zarte Blätter und blüht weiß. Für diese Varietät ist es in kühlen Sommern draußen zu kalt, daher den Topf im Zweifel lieber auf die Fensterbank stellen und nur sparsam gießen. Wie alle Basilikumpflanzen verträgt auch Zitronenbasilikum keine Staunässe, daher nicht direkt, sondern in den Untersetzer gießen und überschüssiges Wasser ausleeren.
› Mit ihrer Süße und dem feinen Zitronenaroma passen die frischen Blätter ausgezeichnet zu Eis und Desserts. Ganze Stängel aromatisieren und garnieren Bowlen und Drinks.

Artemisia vulgaris

BEIFUSS

ANDERE NAMEN › Gewöhnlicher Beifuß, Gänsekraut.

VERBREITUNG › Beifuß kommt in den gemäßigten Zonen Europas und Asiens oft wild vor und ist auch in Nordamerika verbreitet.

AUSSEHEN UND MERKMALE › Die mehrjährige, bedingt winterharte Staude aus der Familie der Korbblütler kann bis 1,8 m hoch werden. Ihre gefiederten Blätter sind oben dunkelgrün, unten silbrig und behaart. Beifuß blüht unscheinbar gelblich oder weißlich grün von Juni bis September.

AROMA UND GESCHMACK › Das Kraut ist aromatisch, würzig-herb und schmeckt vor der Blüte leicht, später stark bitter.

WIRKUNG › Beifuß gilt als appetitanregend und verdauungsfördernd.

ANGEBOTSFORMEN › Saatgut und Jungpflanzen gibt es bei Kräutergärtnereien, getrocknete Rispen im Gewürzfachhandel.

IN DER KÜCHE › Als Würzkraut dienen frische oder getrocknete Blütenrispen, sie werden stets mitgegart.

BESONDERS GUT ZU › Fettreichem Geflügel, insbesondere zu Gans und Ente, Fleisch (Schwein) und Fisch (Aal).

TIPPS ANBAU & ERNTE › Das Kraut liebt sonnige, trockene Standorte. Geerntet werden die ganzen Triebspitzen vor der Blüte.

AUFBEWAHRUNG UND KONSERVIERUNG › Zum Trocknen geeignet.

WISSENSWERTES › Bei hoher Dosierung wirkt Beifuß toxisch (Thujon).

Calamintha nepeta

BERGMINZE

ANDERE NAMEN › Echte Bergminze, Kleinblütige Bergminze, Steinquendel.

VERBREITUNG › Die Pflanze ist in Europa und Mittelasien verbreitet.

AUSSEHEN UND MERKMALE › Die ausdauernde, buschige Staude aus der Familie der Lippenblütler ist winterhart, wird bis zu 40 cm hoch und hat rundliche graugrüne Blätter. Die kleinen blassvioletten bis weißen Blüten erscheinen ab Juli.

AROMA UND GESCHMACK › Das Kraut hat ein kräftiges Minzaroma mit leichter Kampfernote und schmeckt angenehm scharf.

WIRKUNG › Bergminze ist schweißtreibend und schleimlösend, lindert Husten, Erkältungen und hilft bei Magenverstimmungen.

ANGEBOTSFORMEN › Bergminzen sind in mehreren Sorten als Jungpflanzen in Kräuter- und Staudengärtnereien erhältlich.

IN DER KÜCHE › Frische Blätter und Blüten als Würzkraut und Garnitur, getrocknete Blätter für Tee.

BESONDERS GUT ZU › Gemüse, Hülsenfrüchte, Fisch, Fleisch, Wild.

VERTRÄGT SICH GUT MIT › Lorbeer, Oregano, Petersilie, Salbei, Schnittknoblauch und Thymian.

TIPPS ANBAU & ERNTE › Die Pflanze gedeiht auf durchlässigen, nährstoffarmen Böden und verträgt Sonne und Halbschatten.

AUFBEWAHRUNG UND KONSERVIERUNG › Frische Stängel halten im Kühlschrank 2–3 Tage. Bergminze lässt sich gut trocknen.

Satureja hortensis

BOHNENKRAUT

ANDERE NAMEN › Sommerbohnenkraut, Gartenbohnenkraut, Pfefferkraut.

VERBREITUNG › Bohnenkraut ist im östlichen Mittelmeerraum bis zum Kaukasus verbreitet und heute in Europa, Asien, Südafrika sowie in Nordamerika eingebürgert.

AUSSEHEN UND MERKMALE › Die einjährige krautige Pflanze aus der Familie der Lippenblütler ist stark verzweigt, wird bis zu 30 cm hoch und hat ungestielte, lanzettartige, bis 4 cm lange Blätter. Die kleinen weißen, blassrosa oder hellvioletten Blüten erscheinen von Juli bis Oktober.

AROMA UND GESCHMACK › Bohnenkraut ist würzig-aromatisch und schmeckt pfeffrig-scharf.

WIRKUNG › Das Kraut wirkt appetitanregend, verdauungsfördernd, entzündungshemmend und antioxidativ.

ANGEBOTSFORMEN › Bohnenkraut ist als Bundware und Topfkraut im Lebensmittelhandel, als Saatgut und Jungpflanze in Gartencentern und Kräutergärtnereien erhältlich.

IN DER KÜCHE › Frische und getrocknete ganze Stängel, getrocknetes gerebeltes oder gemahlenes Kraut.

MINIREZEPT ZUM KENNENLERNEN: BOHNEN-KARTOFFEL-TOPF
1 Zwiebel und 2 Knoblauchzehen schälen und fein würfeln. 500 g geputzte und gewaschene Stangenbohnen und 500 g geschälte festkochende Kartoffeln in Stücke schneiden. 1 EL Butterschmalz in einem Topf erhitzen und Zwiebel und Knoblauch darin anbraten. Bohnen und Kartoffeln dazugeben, 1/2 l Brühe oder Fond angießen. Alles kräftig mit Salz, Pfeffer, 1 EL gehackter Petersilie sowie 1 TL fein geschnittenem Bohnenkraut würzen. Zugedeckt in etwa 20 Minuten fertig garen. Schmeckt auch gut mit Lammfleisch.

BESONDERS GUT ZU › Bohnen (Salat und Gemüse), Hülsenfrüchten, Salaten und Suppen. Es passt außerdem zu Pilzen, Eierspeisen und Aufläufen. Aufgrund seiner starken Würzkraft wird es sparsam dosiert und erst 5 bis 20 Minuten vor Ende der Garzeit dazugegeben.

VERTRÄGT SICH GUT MIT DIESEN KRÄUTERN › Lorbeer, Petersilie, Rosmarin, Salbei, Thymian, Ysop.

TIPPS ANBAU & ERNTE › Bohnenkraut bevorzugt lockere, trockene Böden und sonnige Standorte. Die Aussaat ins Freiland ist ab Mitte Mai möglich.

AUFBEWAHRUNG UND KONSERVIERUNG › Frisches Bohnenkraut hält in einem Gefrierbeutel im Gemüsefach des Kühlschranks 3 bis 4 Tage. Es kann auch eingefroren und getrocknet werden, dafür erntet man die Stängel vor der Blüte.

WISSENSWERTES › Im Mittelalter war Bohnenkraut ein erschwinglicher Pfefferersatz und entsprechend wichtig. Sein mediterraner Verwandter, das winterharte Winter- oder Bergbohnenkraut (*Satureja montana*) ist ein mehrjähriger, verholzender Halbstrauch mit kleinen festen Blättern. Diese Art ist noch intensiver in Aroma und Geschmack. Bergbohnenkraut harmoniert gut mit anderen mediterranen Kräutern. In seiner Heimat dient es als Gewürz für Fisch, Geflügel und Fleisch (Lamm, Schwein).

Borago officinalis

BORRETSCH

ANDERE NAMEN › Gurkenkraut, Blaustern.

VERBREITUNG › Borretsch kommt im Mittelmeerraum wild vor und ist in ganz Europa, Asien und Amerika verbreitet.

AUSSEHEN UND MERKMALE › Das einjährige Kraut aus der Familie der Raublattgewächse hat lange Pfahlwurzeln und wird 80 cm bis 1 m hoch. Die kantigen Stängel sowie die eiförmig-spitzen Blätter sind borstig behaart. Die blauvioletten fünfblättrigen Blüten erscheinen von Mai bis September.

AROMA UND GESCHMACK › Borretschblätter erinnern in Aroma und Geschmack deutlich an Gurke.

WIRKUNG › In kleinen Mengen wirkt Borretsch schleimlösend, blutreinigend, entzündungshemmend und entwässernd.

ANGEBOTSFORMEN › Einjähriger Borretsch ist als Saatgut erhältlich.

IN DER KÜCHE › Junge frische Blätter und Blüten. Größere Blätter schmecken durch Backteig gezogen und knusprig ausgebacken. Die Blüten ergeben eine schöne Dekoration, zum Beispiel für sommerliche Drinks: Je 1 Blüte in jedes Fach eines Eiswürfelbehälters geben, mit Wasser auffüllen und einfrieren. Oder die Blüten als Garnitur für Desserts und Torten wie Veilchen kandieren.

MINIREZEPT ZUM KENNENLERNEN: GURKENGEMÜSE
1 kg Gemüsegurken schälen, längs halbieren, entkernen und in Scheiben schneiden. Die Gurken unter Wenden in 1 EL Butter andünsten, mit je 1 EL Senf und Honig würzen, salzen und pfeffern. 1/8 l Gemüsefond sowie 1 EL Zitronensaft angießen und alles 5 bis 10 Minuten köcheln. 80 g Sahne mit 1 Eigelb verquirlen, 2 EL Garflüssigkeit hinzufügen und die Mischung unter die Gurken rühren. Zum Schluss 1 EL fein geschnittene Borretschblätter und nach Belieben etwas Dill untermischen.

BESONDERS GUT ZU › Fein geschnitten würzt Borretsch Kartoffel- und Gurkensalate, Schmorgurken, Senfgurken, Kräuterquark und Joghurt-Dips.

VERTRÄGT SICH GUT MIT DIESEN KRÄUTERN › Dill, Kerbel, Kresse, Petersilie, Schnittlauch, Zitronenmelisse.

TIPPS ANBAU & ERNTE › Borretsch bevorzugt lockere, durchlässige, feuchte Böden an windgeschützten, sonnigen bis halbschattigen Standorten. Die Aussaat erfolgt ab März ins Freiland. Das zum Wuchern neigende Kraut sät sich dann immer wieder selbst aus. Aufgrund der langen Wurzeln ist es für Topfkultur weniger geeignet. Bei der Ernte ganzer Stängel empfiehlt es sich, Handschuhe zu tragen, denn die harten Borsten können stechen.

AUFBEWAHRUNG UND KONSERVIERUNG › Borretschblätter welken rasch und werden am besten frisch bei Bedarf geerntet. Getrocknet verlieren die Blätter ihr Aroma.

WISSENSWERTES › Borretsch ist ein fester Bestandteil der Frankfurter Grünen Sauce. Wer Borretsch im Topf halten will, sollte nach dem ausdauernden, bedingt winterharten Staudenborretsch *(Borago pygmaea)* Ausschau halten. Der Verzehr großer Mengen an Borretsch ist nicht ratsam, da er leberschädigende Alkaloide enthält.

Urtica dioica

BRENNNESSEL

ANDERE NAMEN › Große Brennnessel, Fasernessel, Hanfnessel, Nessel.

VERBREITUNG › Die Brennnessel ist in Europa, Nordasien und Nordamerika verbreitet, andere Arten der Gattung fast weltweit.

AUSSEHEN UND MERKMALE › Die ausdauernde krautige Pflanze aus der Familie der Brennnesselgewächse kann 1,5 m hoch werden und hat aufrechte, kantige Stängel mit langen, vorn zugespitzten, stark gezähnten, grünen Blättern. An den Stielen und auf der Blattunterseite besitzt sie feine Nesselhaare, die bei Berührung abbrechen und auf der Haut brennen. Die unscheinbaren grünen Blüten erscheinen von Juni oder Juli bis Oktober.

AROMA UND GESCHMACK › Junge Blätter und Triebe schmecken spinatähnlich, aber würziger.

WIRKUNG › Die Pflanze wirkt appetitanregend, entwässernd, blutreinigend und hilft bei rheumatischen Erkrankungen.

ANGEBOTSFORMEN › Brennnesseln können wild gesammelt werden. Kräutergärtnereien bieten aber auch Saatgut an.

IN DER KÜCHE › Frische, kurz blanchierte junge Blätter und Triebspitzen, getrocknete Blätter für Tee und als Gewürz, geröstete Samen als Gewürz.

MINIREZEPT ZUM KENNENLERNEN: WILDKRÄUTER-RISOTTO
In einem Topf 2 EL Olivenöl und 1 EL Butter erhitzen, 50 g Schalottenwürfel und 1 geschälte, gehackte Knoblauchzehe darin hell andünsten. 300 g Risottoreis kurz darin andünsten, mit 150 ml Weißwein ablöschen und unter Rühren weitergaren, bis die Flüssigkeit fast verdampft ist. Anschließend unter häufigem Rühren nach und nach etwa 800 ml heißen Geflügel- oder Kalbsfond dazugießen, sodass der Reis immer knapp mit Flüssigkeit bedeckt ist. 5 Minuten vor Garzeitende 100 g Spinat und 150 g Wildkräuter (Brennnessel, etwas Giersch und Löwenzahn) in Streifen schneiden und dazugeben. Zum Schluss 50 g frisch geriebenen Parmesan und 20 g Butter unterrühren.

BESONDERS GUT ZU › Kurz blanchiert zu Wildkräutersalaten, Saucen, Kräuterquark, Suppen, Eierspeisen, Aufläufen, Nudel- und Reisgerichten. Kurz gedünstet als Wildgemüse.

VERTRÄGT SICH GUT MIT DIESEN KRÄUTERN › Bärlauch, Brunnenkresse, Giersch, Gundermann, Kresse, Löffelkraut, Löwenzahn, Portulak, Sauerampfer und Scharbockskraut.

TIPPS ANBAU & ERNTE › Brennnesseln lieben durchlässige, humose, nährstoffreiche Böden in der Sonne oder im Halbschatten. Im Frühjahr können die ganzen jungen Pflanzen geerntet werden, später nur noch junge Blätter und Triebspitzen (Handschuhe tragen).

AUFBEWAHRUNG UND KONSERVIERUNG › Brennnesseln werden meist frisch verwendet, lassen sich aber auch gut trocknen.

WISSENSWERTES › Bei Berührung der feinen Härchen wird ein Nesselgift freigesetzt. Angewelkt oder 3 Sekunden in kochendem Wasser blanchiert, verlieren die Blätter ihre Brennwirkung. Der Name Faser- oder Hanfnessel gibt einen Hinweis auf die frühere Verwendung: Tatsächlich wurde die Große Brennnessel zur Fasergewinnung für die Stoffherstellung eingesetzt. Inzwischen gibt es wieder Versuche mit einer besonders starkwüchsigen Varietät der Pflanze.

Nasturtium officinale
BRUNNENKRESSE

ANDERE NAMEN › Bachkresse, Echte Brunnenkresse, Wasserkresse.

VERBREITUNG › Brunnenkresse ist in Europa und auf der ganzen Nord-halbkugel weit verbreitet, kommt aber auch auf der Süd-halbkugel vor.

AUSSEHEN UND MERKMALE › Die mehrjährige, immergrüne Staude aus der Familie der Kreuzblütler hat kriechende oder schwimmende Ausläufer von bis zu 80 oder 90 cm Länge, runde, hohle Stängel und kleine, breit elliptische, ge-schweift gekerbte, knackige, grüne Blätter. Die kleinen weißen Blüten erscheinen im April.

AROMA UND GESCHMACK › Brunnenkresse ist frisch im Aroma, erin-nert an Gartenkresse und schmeckt leicht scharf und bitter.

WIRKUNG › Brunnenkresse ist appetitanregend, entwässernd, entzün-dungshemmend, blutreinigend und regt den Stoffwechsel an.

ANGEBOTSFORMEN › Als Bundware gibt es Brunnenkresse im Frühjahr gelegentlich auf Wochenmärkten oder an der Gemüsetheke des Lebensmittelhandels zu kaufen. Kräutergärtnereien bieten Saatgut und Jungpflanzen an. Brunnenkresse kommt bei uns auch wild vor, das Sammeln ist jedoch aufgrund der möglichen Wasserbelastung (Viehweiden) eher kritisch.

IN DER KÜCHE › Frische Blätter und Triebspitzen.

MINIREZEPT ZUM KENNENLERNEN: BRUNNENKRESSESUPPE
60 g Brunnenkresse waschen, trocken schütteln und die Stiele entfernen. In einer Pfanne 30 g Butter zerlassen, 2 gewürfelte Schalotten und die Hälfte der Brunnenkresse darin kurz andünsten. 1/2 l Kalbsfond angießen und alles 15 Minuten köcheln, fein pürieren und durch ein Sieb in einen Topf passieren. Die übrige Brunnenkresse mit 250 g Sahne pürieren und hinzufügen. 2 Eigelbe verquirlen und die Suppe damit binden, sie darf jetzt nicht mehr kochen. Mit Salz, Pfeffer und Muskat würzen. Die Suppe auf tiefe Teller verteilen, jeweils mit 1 EL halb steif geschlagener Sahne und etwas Brunnenkresse garnieren.

BESONDERS GUT ZU › Salaten, Kräuterquark, Dips und Saucen, Suppen und als würzende Garnitur für Gemüse, Eierspeisen, Fisch und Fleisch.

VERTRÄGT SICH GUT MIT DIESEN KRÄUTERN › Bärlauch, Brennnessel, Giersch, Gundermann, Löffelkraut, Löwenzahn, Portulak und Sauerampfer.

TIPPS ANBAU & ERNTE › Brunnenkresse liebt sehr feuchte, humose, nährstoffreiche Böden in oder am Rand von Gewässern im Halbschatten oder Schatten. Die Ernte erfolgt im Frühjahr, später sind die Blätter größer, schärfer und bitterer.

AUFBEWAHRUNG UND KONSERVIERUNG › In einem Gefrierbeutel halten frische Triebspitzen 4 bis 5 Tage im Gemüsefach des Kühlschranks. Zum Trocknen ist Brunnenkresse ungeeignet, da sie dabei ihr Aroma verliert.

WISSENSWERTES › Brunnenkresse war schon in der Antike ein wichtiger Vitamin- und Mineralstofflieferant. Beim Sammeln leicht zu verwechseln mit dem weiß oder rosa blühenden Bitteren Schaumkraut *(Cardamine amara)*. Eine Verwechslung ist jedoch ungefährlich, weil die Pflanze nicht giftig ist und genauso verwendet wird wie Brunnenkresse.

Elsholtzia stauntonii

CHINESISCHER GEWÜRZSTRAUCH

ANDERE NAMEN › Alsing, Chinesische Kammminze.

VERBREITUNG › Die Pflanze und verwandte Arten sind in Zentral- und Ostasien verbreitet.

AUSSEHEN UND MERKMALE › Der aufrechte, mehrjährige, winterharte, laubabwerfende, leicht verholzende Halbstrauch aus der Familie der Lippenblütler wird bei uns selten höher als 90 cm und hat länglich spitze, gesägte, grüne Blätter. Die dunkelrosa bis rötlich violetten langen Blütenrispen erscheinen ab September bis weit in den Herbst hinein.

AROMA UND GESCHMACK › Das Aroma der Blätter ist leicht exotisch, im Geschmack erinnern sie an Minze und Kümmel.

WIRKUNG › Als Tee aufgebrüht wirken die Blätter verdauungsfördernd.

ANGEBOTSFORMEN › Kräutergärtnereien bieten Saatgut und Jungpflanzen verschiedener Arten an.

IN DER KÜCHE › Frische junge Blätter, getrocknet für Tee.

> **MINIREZEPT ZUM KENNENLERNEN: GURKEN-GARNELEN-SALAT**
> 300 g Salatgurke putzen, waschen und mit der Schale in kleine Würfel schneiden. In einer Schüssel je 2 EL Reisessig und Limettensaft mit 4–5 EL Erdnussöl sowie 1/2 fein gewürfelten roten Chilischote (ohne Kerne) verrühren. 16 küchenfertige Garnelen in 2 EL Öl anbraten, abkühlen lassen und in Stücke schneiden. Garnelen und Gurken zu dem Dressing geben, 10 bis 12 Blätter des Chinesischen Gewürzstrauchs waschen, in Streifen schneiden, hinzufügen und alles gut vermischen. Den Salat mit Salz abschmecken und kühl servieren.

BESONDERS GUT ZU › Kräuterquark und -dips, Saucen und Suppen, Gemüse (Gurken), Hülsenfrüchten, Eierspeisen, Fisch, Huhn und Fleisch, insbesondere zu asiatischen Gerichten.

VERTRÄGT SICH GUT MIT DIESEN KRÄUTERN › Koriander, Minze, Perilla, Schnittknoblauch, Thai-Basilikum.

TIPPS ANBAU & ERNTE › Die Pflanze gedeiht gut auf durchlässigen, nährstoffreichen Böden an sonnigen Standorten. Im Frühjahr empfiehlt sich ein kräftiger Rückschnitt. Die Aussaat erfolgt ab Februar/März in Anzuchtschalen oder ab Mai direkt ins Freiland. Geerntet werden die aromatischen Blätter vom Frühsommer bis in den Herbst hinein.

AUFBEWAHRUNG UND KONSERVIERUNG › Frische Stängel halten im Wasserglas oder in einem Gefrierbeutel im Gemüsefach des Kühlschranks 3 bis 4 Tage. Für Tee lassen sich die Blätter gut trocknen.

WISSENSWERTES › Die Elsholtzia-Arten sind nach dem deutschen Botaniker Elsholtz benannt. Interessant sind noch zwei weitere Vertreter dieser Gattung: einmal die an Dill erinnernde Kammminze *(Elsholtzia ciliata)* sowie die Vietnamesische Melisse *(Elsholtzia species),* die zudem noch eine Zitrusnote aufweist. Beide Arten sind wie der Chinesische Gewürzstrauch hierzulande noch wenig bekannt und ähnlich in der Verwendung.

Peperomia inaequalifolia

CONGONA

ANDERE NAMEN › Canelo, Kanarischer Zimt, Zimtpfeffer.

VERBREITUNG › Das aus Ecuador stammende Kraut ist auch in Peru und Chile anzutreffen und auf den Kanaren eingebürgert.

AUSSEHEN UND MERKMALE › Die sukkulente Pflanze aus der Familie der Pfeffergewächse kann bis zu 50 cm hoch werden und hat glatte, fleischige, länglich-ovale Blätter. Die unscheinbaren Blüten sind hellgrün.

AROMA UND GESCHMACK › Congona hat ein würziges Zimtaroma und schmeckt eigenwillig pfeffrig mit anhaltender Schärfe.

WIRKUNG › Das Kraut wirkt beruhigend, herzstärkend und wird in Südamerika zum Lindern von Ohrenschmerzen und Heilen von Milzerkrankungen eingesetzt.

ANGEBOTSFORMEN › Als Jungpflanze bei Spezial-Kräutergärtnereien.

IN DER KÜCHE › Frische Blätter als Gewürz und zum Aromatisieren von Drinks, getrocknet als Tee.

BESONDERS GUT ZU › Fleisch (Kalbfleisch), Reisgerichten (Risotto) und Süßspeisen (Milchreis).

TIPPS ANBAU & ERNTE › Die Pflanze liebt durchlässige Böden und sonnige bis halbschattige Standorte. Sie ist nicht frosthart, lässt sich aber als Topfpflanze kühl auf dem Fensterbrett überwintern. Die Ernte der Blätter erfolgt ganzjährig.

Helichrysum italicum

CURRYKRAUT

ANDERE NAMEN › Currystrauch, Italienische Strohblume.

VERBREITUNG › Der Currystrauch ist in Südeuropa, Kleinasien und Nordwestafrika verbreitet.

AUSSEHEN UND MERKMALE › Der bedingt winterharte, mehrjährige Halbstrauch aus der Familie der Korbblütler wird meist 50 bis 70 cm hoch und hat silbriggraue bis -grüne, nadelartig schmale Blätter. Im Sommer erscheinen die kleinen gelben Blütenköpfchen dicht an dicht in Doldentrauben.

AROMA UND GESCHMACK › Die Blätter haben ein ausgeprägtes Curryaroma und schmecken mildsüß.

WIRKUNG › Das Kraut wirkt entzündungshemmend und antiviral.

ANGEBOTSFORMEN › Kräutergärtnereien bieten Jungpflanzen an.

IN DER KÜCHE › Frische junge Blätter und Stängel. Diese gegen Ende der Garzeit hinzufügen, 5 bis 10 Minuten mitgaren und wieder entfernen. Getrocknet eignet sich das Kraut für Tee.

BESONDERS GUT ZU › Fisch, Fleisch (Lamm, Schwein), Gemüse und Reis sowie zu Suppen und Saucen.

VERTRÄGT SICH GUT MIT › Chili, Ingwer, Koriander und Zitronengras.

TIPPS ANBAU & ERNTE › Das Kraut liebt durchlässige, kalkhaltige Böden an sonnigen Standorten. Nach der Blüte zurückschneiden.

WISSENSWERTES › Ein Duftsäckchen mit getrockneten Blüten und Blättern vertreibt Insekten.

Anethum graveolens

DILL

ANDERE NAMEN › Gartendill, Dillkraut, Gurkenkraut.

VERBREITUNG › Dill stammt ursprünglich aus dem Mittelmeerraum und wird heute weltweit angebaut.

AUSSEHEN UND MERKMALE › Die einjährige, aufrecht wachsende krautige Pflanze wird bis zu 1,5 m hoch und hat runde, fein gerillte Stängel. Die kleinen, gelben Einzelblüten erscheinen im Sommer in bis zu 20 cm großen Doppeldolden (Dill-kronen).

AROMA UND GESCHMACK › Dill hat ein intensives, an Anis und Küm-mel erinnerndes, arttypisches Aroma und schmeckt leicht süßlich. Besonders intensiv im Aroma sind die Blüten.

WIRKUNG › Dill wirkt appetitanregend und verdauungsfördernd. Getrocknet oder frisch als Tee aufgebrüht, hat er eine beruhigende Wirkung und fördert das Einschlafen.

ANGEBOTSFORMEN › Dillspitzen sind das ganze Jahr über frisch an der Gemüsetheke erhältlich. Im Topf wird Dill nur selten angeboten, da er ein Tiefwurzler ist.

IN DER KÜCHE › Frische Blätter, Stängel und Blüten. Dill schmeckt frisch am besten und wird meist roh verwendet.

MINIREZEPT ZUM KENNENLERNEN: GEBEIZTE LACHSFORELLE
2 Lachsforellenfilets mit der Hautseite nach unten in eine Form legen und mit 40 g grobem Meersalz, 30 g Zucker, 1 TL grob zerstoßenem Pfeffer und mit 1 gewaschenen und grob geschnittenen Bund Dill gleichmäßig bedecken. Beide Filets mit Limettensaft oder Cognac beträufeln, dann ein Filet mit der Hautseite nach oben auf das andere legen. Die Fischfilets mit einem Holzbrett und 2–3 gefüllten Konservendosen beschweren, mit Folie verschließen und 2 Tage im Kühlschrank durchziehen lassen, dabei nach 24 Stunden wenden. Eine Senfsauce mit Dill passt ideal dazu: Dafür 2 EL scharfen Senf mit 1 EL Senfpulver, 2 EL Zucker, 2 EL Weißweinessig sowie 4 EL Sonnenblumenöl verrühren und 3 EL fein geschnittenen Dill untermischen.

BESONDERS GUT ZU › Fisch und Krustentieren (Graved Lachs, Hering, Aal, Krebsen, Krabben) sowie zu Gurken (Einlege- und Schmorgurken, Gurkensalat).

VERTRÄGT SICH GUT MIT DIESEN KRÄUTERN › Borretsch, Estragon, Petersilie, Pimpinelle und Schnittlauch.

TIPPS ANBAU & ERNTE › Dill bevorzugt lockere, humose, nährstoffreiche Böden und gedeiht am besten an sonnigen, windgeschützten Standorten. Je nach Witterung kann das Kraut ab April direkt ins Freiland ausgesät werden.

AUFBEWAHRUNG UND KONSERVIERUNG › Frische Dillspitzen halten sich in einem Gefrierbeutel im Gemüsefach des Kühlschranks 2 bis 3 Tage. Trocknen ist nicht empfehlenswert, da das Kraut dabei viel Aroma einbüßt. Einfrieren lässt sich Dill dagegen gut.

WISSENSWERTES › Dill war schon in der Antike als Heil- und Würzkraut geschätzt. In Skandinavien und Osteuropa ist er ein Universalgewürz und wird sehr großzügig verwendet. Bei uns findet er gelegentlich bei der Frankfurter Grünen Sauce Verwendung und ist Teil der sogenannten Aalkräuter, die der Hamburger Aalsuppe ihr Aroma geben.

Artemisia abrotanum

EBERRAUTE

ANDERE NAMEN › Gart(en)heil, Pastorenkraut, Zitronenkraut.

VERBREITUNG › Eberraute ist in Südeuropa sowie in Vorderasien bis zum Kaukasus verbreitet.

AUSSEHEN UND MERKMALE › Das buschige, winterharte Kraut aus der Familie der Korbblütler wird selten höher als 1 m. Es hat fein geschlitzte, fadenförmige, graugrüne Blätter. Die kleinen, kugeligen, gelben Blüten erscheinen von Juli bis Oktober. Hierzulande blüht die Pflanze jedoch kaum.

AROMA UND GESCHMACK › Eberraute duftet herbwürzig und aromatisch und erinnert je nach Sorte stärker an Zitrone oder Cola und Kampfer. Der Geschmack der Blätter ist herb-bitter.

WIRKUNG › Das Kraut wirkt appetitanregend, verdauungsfördernd, beruhigt den Magen und vertreibt Stechmücken und Motten.

ANGEBOTSFORMEN › Kräutergärtnereien bieten Jungpflanzen an.

IN DER KÜCHE › Frische oder getrocknete Triebspitzen, sparsam dosiert.

BESONDERS GUT ZU › Kräuteressig, Salaten, Saucen, Fisch (Aal, Makrele), Geflügel (Gans, Ente) und Fleisch (Schwein).

VERTRÄGT SICH MIT › Liebstöckel, Ysop, Zitronenmelisse, -thymian.

TIPPS ANBAU & ERNTE › Eberraute liebt kalkhaltige, sandige Böden und viel Sonne. Die Ernte erfolgt nach Bedarf. Zum Trocknen schneidet man ganze Stängel im Spätsommer.

Aptenia cordifolia
EISKRAUT

SYNONYME › Herzförmige Mittagsblume, Cordifole.

VERBREITUNG › Eiskraut ist an den Küsten Südafrikas, der Kanaren, des Mittelmeerraums und Nordamerikas verbreitet.

AUSSEHEN UND MERKMALE › Die kriechende, wärmeliebende, mehrjährige, nicht winterharte sukkulente Pflanze aus der Familie der Mittagsblumengewächse wird 5 bis 10 cm hoch und hat fleischige, ei- bis herzförmige, 1 bis 2 cm lange, grüne Blätter. Im Sommer erscheinen bei Sonnenschein kleine, rosa bis leuchtend purpurrote Blüten.

AROMA UND GESCHMACK › Die Blätter duften kaum, ihr Geschmack ist frisch-säuerlich und leicht salzig.

ANGEBOTSFORMEN › Die Blätter sind gelegentlich im Gemüsehandel, Jungpflanzen bei Kräutergärtnereien erhältlich.

VERWENDUNG IN DER KÜCHE › Frische, rohe Blätter und Blüten.

BESONDERS GUT ZU › Salaten, Kräuterquark.

VERTRÄGT SICH GUT MIT DIESEN KRÄUTERN › Majoran, Schnittlauch.

TIPPS ANBAU & ERNTE › Das Kraut liebt nicht zu feuchte, sandige Böden an sonnigen Standorten, die Ernte erfolgt nach Bedarf.

AUFBEWAHRUNG UND KONSERVIERUNG › Im Kühlschrank hält sich Eiskraut mehrere Tage, zum Trocknen eignet es sich nicht.

WISSENSWERTES › Ähnlich ist das einjährige, nicht winterharte Eiskraut *(Mesembryanthemum crystallinum)*.

Angelica archangelica

ENGELWURZ

ANDERE NAMEN › Angelika, Arzneiwurz, Echte oder Erz-Engelwurz.

VERBREITUNG › Engelwurz ist in Mitteleuropa und Asien verbreitet und in Nordamerika eingebürgert.

AUSSEHEN UND MERKMALE › Die winterharte, zwei- bis vierjährige große Staude aus der Familie der Doldenblütler kann 2,5 bis 3 m hoch werden und hat runde, gerillte, hohle Stängel. Die gezähnten, großen, grünen Blätter sind gestielt und 2- bis 3-fach gefiedert. Im Juli und August erscheinen große grünlich-weiße Blütendolden.

AROMA UND GESCHMACK › Die Pflanze duftet aromatisch und schmeckt anfangs leicht süßlich, dann würzig bitter und scharf. Junge Blätter und Triebe sind etwas milder im Geschmack.

WIRKUNG › Engelwurz wirkt appetitanregend, antibakteriell, stärkt die Nerven und hilft auch bei Erkältungen und insbesondere bei Magen- und Darmbeschwerden.

ANGEBOTSFORMEN › Kräutergärtnereien haben Saatgut und Jungpflanzen im Angebot.

IN DER KÜCHE › Frische Blätter, Blattstiele und Stängel, Samen sowie die getrockneten Wurzeln. Junge Stängel und Blätter lassen sich als Gemüse zubereiten. Kandierte Stängel eignen sich zum Garnieren von Kuchen und Torten.

> **MINIREZEPT ZUM KENNENLERNEN: GRÜNER SMOOTHIE**
> Engelwurz kann wie viele Kräuter für grüne Smoothies genutzt werden. Dafür 1 Birne, 1 Apfel und 10 Erdbeeren waschen, von Blüten- und/oder Stielansatz befreien und mit 1–2 Handvoll gewaschener grüner Kräuter (etwa Engelwurz oder ihre japanische Verwandte Ashitaba *(Angelica keiskei koidzumi)*, Giersch, Kresse, Löwenzahn, Portulak) im Mixer mit 400–500 ml Wasser fein pürieren und sofort trinken.

BESONDERS GUT ZU › Salaten, Kräuterquark, Saucen, Suppen, Marinaden (Fisch, Meeresfrüchte) sowie zu Kompott (Rhabarber, Erdbeeren), Süßspeisen (sparsam dosieren!).

VERTRÄGT SICH GUT MIT DIESEN KRÄUTERN › Anisartige Kräuter, Gewürzfenchel, Perilla, Zitronenmelisse, Zitronenverbene.

TIPPS ANBAU & ERNTE › Engelwurz liebt feuchte, durchlässige, nährstoffreiche Böden an sonnigen bis halbschattigen Standorten und benötigt ausreichend Platz. Die Aussaat erfolgt im Herbst. Geerntet werden junge Blätter und Stängel von Juni bis in den Herbst hinein, die Wurzeln im Frühjahr oder im Herbst des zweiten Jahres. Entfernt man die Blüten regelmäßig, ist die Pflanze langlebiger.

AUFBEWAHRUNG UND KONSERVIERUNG › Frische Stängel halten im Wasserglas oder Kühlschrank 2 bis 3 Tage, können aber auch getrocknet oder eingefroren werden. Die Wurzeln zum Trocknen dünn schneiden und aufhängen.

WISSENSWERTES › Im Mittelalter war die Engelwurz in Nordeuropa eine wichtige Heilpflanze. Der Legende nach soll ein Erzengel einem frommen Mann die Pflanze als wirksames Mittel gegen die Pest gezeigt haben.

Artemisia dracunculus

ESTRAGON

ANDERE NAMEN › Bertram, Dragon, Schlangenkraut.

VERBREITUNG › Der aus Mittelasien stammende Estragon ist heute auch im Mittelmeerraum, in den wärmeren Zonen Mitteleuropas, Vorderasien, Indien und Amerika verbreitet.

AUSSEHEN UND MERKMALE › Die mehrjährige buschige Staude aus der Familie der Korbblütler wird bis zu 1,5 m hoch und hat länglich schmale, grüne Blätter. Die unscheinbaren gelbgrünen Blüten erscheinen im Sommer.

AROMA UND GESCHMACK › Die Blätter und jungen Triebspitzen duften feinwürzig, süßlich aromatisch und schmecken anisartig, mildbitter und leicht brennend.

WIRKUNG › Estragon wirkt appetitanregend und verdauungsfördernd, das enthaltene ätherische Öl antimikrobiell.

ANGEBOTSFORMEN › Estragon gibt es als Bundware und im Topf an den Gemüsetheken des Lebensmittelhandels. Bei Kräutergärtnereien ist er in verschiedenen Arten auch als Saatgut und Jungpflanze erhältlich.

IN DER KÜCHE › Frische Blätter und Triebspitzen.

MINIREZEPT ZUM KENNENLERNEN: ESTRAGON-SENF-KRUSTE

2 EL Estragonblätter waschen, trocken tupfen und fein schneiden. 120 g Schalotten schälen und fein würfeln. Estragon und Schalottenwürfel mit 30 g mittelscharfem Senf verrühren. Den Backofen auf 220 °C vorheizen. 4 Putensteaks (je 150 g) waschen, trocken tupfen, salzen, pfeffern und in 2 EL Maiskeimöl auf beiden Seiten je etwa 2 Minuten anbraten. Die Estragon-Senf-Schalotten-Mischung auf dem Fleisch verteilen und die Putensteaks im heißen Ofen noch 5 Minuten überbacken.

BESONDERS GUT ZU › Salaten, Gemüse (Gurken, Spargel), hellem Fleisch, Geflügel und Fisch. Zudem aromatisiert Estragon Kräuterbutter, Dressings, Senf, Essig und Saucen.

VERTRÄGT SICH GUT MIT DIESEN KRÄUTERN › Kerbel, Petersilie, Schnittlauch, Thymian (in kleinen Mengen).

TIPPS ANBAU & ERNTE › Estragon bevorzugt nährstoffreiche, humose Böden an sonnigen Standorten. Das Kraut kann nur durch Stecklinge vermehrt werden. Die Ernte der jungen Triebspitzen erfolgt nach Bedarf, größere Mengen schneidet man kurz vor der Blüte.

AUFBEWAHRUNG UND KONSERVIERUNG › Estragonstängel halten im Wasserglas oder im Kühlschrank 1 bis 2 Tage. Das Aroma lässt sich am besten in Essig konservieren.

WISSENSWERTES › Estragon ist unentbehrlich für die Sauce béarnaise. Insgesamt unterscheidet man drei Arten: den Russischen, den Deutschen und den Französischen Estragon, wobei Letzterer als der Feinste gilt und in der Küche am meisten geschätzt wird.

ESTRAGONESSIG SELBST GEMACHT:

50 g Estragon waschen, trocken schütteln und in eine Flasche füllen. 1/4 l Weißweinessig aufkochen, den Estragon damit übergießen und 10 Minuten ziehen lassen. 1/4 l Weißweinessig dazugeben, 2 Wochen ziehen lassen, durch ein Sieb passieren und in eine Flasche umfüllen.

Foeniculum vulgare

GEWÜRZFENCHEL

ANDERE NAMEN › Fenchel, Süßfenchel.

VERBREITUNG › Die aus dem Mittelmeerraum stammende Würzpflanze ist in Europa, Nordafrika sowie in Asien weit verbreitet.

AUSSEHEN UND MERKMALE › Die aufrechte, winterharte, einjährige oder ausdauernde Staude aus der Familie der Doldenblütler wird bis zu 2 m hoch und hat einen stark verzweigten, im Alter längs gestreiften hohlen Stängel. Die feinen, mehrfach schmal gefiederten, grünen Blätter sind bis zu 15 cm lang. Von Juli bis September erscheinen kleine, gelbe Blüten in Doppeldolden.

AROMA UND GESCHMACK › Fenchelblätter duften mild süßlich und haben einen würzigen, anisartigen Geschmack.

WIRKUNG › Das Kraut regt den Appetit an, fördert die Verdauung, hilft bei Völlegefühl und Erkrankungen der oberen Atemwege.

ANGEBOTSFORMEN › Als Bundware an den Gemüsetheken von Einzel-handel und Supermärkten. Kräutergärtnereien bieten auch Saatgut und Jungpflanzen an.

IN DER KÜCHE › Frische und getrocknete Blätter, frische Blüten, Samen als Gewürz und für Tee.

MINIREZEPT ZUM KENNENLERNEN: KRÄUTER-DORADE
2 küchenfertige Doraden (Goldbrassen) innen und außen waschen, trocken tupfen und innen und außen salzen und pfeffern. Je 2 Stängel Fenchelgrün mit je 1 geschälten, halbierten Knoblauchzehe in die Bauchhöhle der Fische legen. 2 EL Olivenöl in eine ofenfeste Form geben, 2 gewürfelte Tomaten hinzufügen und die Fische darauflegen. 100 ml Fischfond angießen und alles im vorgeheizten Ofen bei 220 °C etwa 15 Minuten braten, dabei die Fische wiederholt mit etwas Brat-fond übergießen.

BESONDERS GUT ZU › Salaten (Gurkensalat), Saucen, Dips, Kräuter-quark, Suppen, Gemüse, Fisch und Meeresfrüchten sowie zu Fleisch (Kalb, Schwein). Die Samen würzen Brot, Salami, Linsen, Eintöpfe, Fisch und Fleisch, besonders in der italienischen, französischen und asiatischen Küche.

VERTRÄGT SICH GUT MIT DIESEN KRÄUTERN › Dill, Engelwurz, Ore-gano, Petersilie, Salbei, Schnittknoblauch und Thymian.

TIPPS ANBAU & ERNTE › Fenchel liebt durchlässige, nährstoffreiche, kalkhaltige Böden an sonnigen bis halbschattigen Stand-orten und eignet sich zur Topfkultur. Die Aussaat erfolgt im Frühjahr. Blätter können laufend geerntet werden, zum Trocknen schneidet man ganze Stängel vor der Blüte.

AUFBEWAHRUNG UND KONSERVIERUNG › Frische Fenchelspitzen können einige Tage im Wasserglas oder im Gefrierbeutel im Kühlschrank aufbewahrt werden. Das Kraut lässt sich trocknen und einfrieren.

WISSENSWERTES › In Italien nutzt man zudem die leicht harzig schme-ckenden Blütenpollen des Fenchels als Gewürz. Das gelbe Pulver ist als Spice of Angels, Gewürz der Engel oder Fenchelpollen, im Handel und wird in Prisen über gegarte Speisen, etwa Pasta, Risotto, Gemüse-, Fisch-, Fleisch- oder Wildgerichte gestreut, kann aber auch Süßes wie Cremes, Eis und Kuchen aromatisieren.

Tagetes tenuifolia
GEWÜRZTAGETES

ANDERE NAMEN › Sammetblume, Schmalblättrige Studentenblume, Tagetes.

VERBREITUNG › Gewürztagetes zählt zur Gattung Tagetes, die in 50 bis 60 verschiedenen Arten vor allem in Mexiko und Mittelamerika verbreitet ist, aber auch in Südamerika vorkommt.

AUSSEHEN UND MERKMALE › Die einjährigen krautigen Pflanzen aus der Familie der Kreuzblütler werden meist 20 bis 40 cm hoch und haben lanzettartig schmale, fein gefiederte, grüne Blätter. Von Juni bis Herbst erscheinen rote, orangefarbene oder gelbe, ungefüllte Blütenköpfe.

AROMA UND GESCHMACK › Gewürztagetes haben oft einen intensiven, fruchtigen Zitrus- oder Anisduft. Die Blätter und Blüten der Sorte 'Orange Gem' erinnern im Aroma an Mandarinenschalen, der Geschmack ist herb-würzig.

WIRKUNG › Das aus Gewürztagetes gewonnene ätherische Öl wirkt belebend. Es darf nur sehr sparsam dosiert (1 Tropfen ätherisches Öl auf 50 ml Basisöl) und nur äußerlich angewendet werden.

ANGEBOTSFORMEN › Kräutergärtnereien bieten verschiedene Gewürztagetesarten (siehe unten) als Saatgut und Jungpflanzen an.

IN DER KÜCHE › Frische junge Blätter und Blüten.

MINIREZEPT ZUM KENNENLERNEN: BLÜTENSALAT
300 g Blattsalate, 60 g Himbeeren und 1–2 Handvoll essbare Blüten (etwa Bergminze, Borretsch, Gewürztagetes, Goldmelisse, Kapuzinerkresse, Ringelblume) waschen, vorsichtig trocknen, in einer Schüssel vermengen und auf Teller verteilen. Aus 2 EL Himbeeressig, 1 EL Limettensaft, Salz, Pfeffer und 5–6 EL Traubenkernöl oder mildem Olivenöl eine Vinaigrette rühren, den Blütensalat damit beträufeln und mit Baguette servieren.

BESONDERS GUT ZU › Salaten, Saucen, Kräuterquark, Obstsalat, Süßspeisen, Dessertsaucen, Limonaden und Kräutertee.

VERTRÄGT SICH GUT MIT DIESEN KRÄUTERN › Basilikum, Goldmelisse, Minze, Zitronenmelisse, Zitronenverbene.

TIPPS ANBAU & ERNTE › Die Pflanze stellt wenig Ansprüche, gedeiht jedoch am besten in durchlässigen, nährstoffreichen Gartenböden an sonnigen Standorten. Die Aussaat in Anzuchtschalen erfolgt ab März, direkt ins Freiland gesät werden kann ab Mai. Gewürztagetes lässt sich gut in Töpfen ziehen. Bei Rückschnitt im Frühsommer können den ganzen Sommer über junge Blätter und Blüten geerntet werden.

AUFBEWAHRUNG UND KONSERVIERUNG › Frische Triebspitzen halten im Kühlschrank 1 bis 2 Tage, die Blüten und Blätter lassen sich auch gut trocknen.

WISSENSWERTES › Je nach Art hat Gewürztagetes ein ganz unterschiedliches Aroma: Die Glänzende Studentenblume *(Tagetes ludica)* duftet nach Anis und schmeckt nach Estragon, die Pflanze heißt darum auch Mexikanischer oder Winter-Estragon. Lakritztagetes *(Tagetes filifolia)* mit seinen feinen Blättern weist dagegen ein intensives Lakritzaroma auf, und die frischen Blätter des Mexikanischen Riesengewürztagetes *(Tagetes minuta)* haben ein würziges Zitrusaroma.

Aegopodium podagraria

GIERSCH

ANDERE NAMEN › Dreiblatt, Geißfuß, Gichtkraut, Wiesenholler.

VERBREITUNG › Giersch ist in Europa und Asien verbreitet.

AUSSEHEN UND MERKMALE › Die winterharte, mehrjährige Staude aus der Familie der Doldenblütler wird bis zu 1 m hoch, hat fein gerillte, hohle Blüten- und dreikantige Blattstängel. Die langstieligen, jung hellgrünen, später dunkler grünen Blätter sind einfach oder doppelt dreiteilig und gezähnt. Von Mai bis September erscheinen kleine weiße bis leicht rosafarbene Blüten in flachen Dolden.

AROMA UND GESCHMACK › Gierschblätter verströmen beim Pflücken einen arttypischen »Unkraut«-Geruch. Junge Blätter schmecken mild-aromatisch und erinnern an Petersilie, Sellerie und Möhren. Der Geschmack älterer Blätter ist würzig-aromatisch und die Petersiliennote tritt stärker hervor.

WIRKUNG › Giersch wirkt leicht entzündungshemmend und entwässernd. Zerdrückte Blätter helfen bei Insektenstichen; früher dienten Giersch-Umschläge zur Linderung von Gicht.

ANGEBOTSFORMEN › Giersch ist häufig im Garten anzutreffen und kann von Kennern auch wild gesammelt werden. Kräutergärtnereien bieten eine weniger stark wuchernde Varietät an.

IN DER KÜCHE › Frische junge, hellgrüne Blätter und Stängel für Salate, ältere frische Blätter ohne Stängel für Gemüse, getrocknete Blätter als Gewürz oder für Tee.

MINIREZEPT ZUM KENNENLERNEN: GIERSCH-CRÊPES
50 g Mehl mit 1/8 l Milch, 60 ml Wasser und Salz verrühren, 2 Eigelbe und 25 g zerlassene Butter unterrühren. Den Teig 30 Minuten quellen lassen. 200 g Giersch waschen, blanchieren, ausdrücken und hacken. 2 Schalotten, 2 Champignons und 1 Möhre schälen oder putzen, fein würfeln und in 2 EL Butter hell andünsten, den Giersch untermischen, alles salzen und pfeffern. Den Teig in Butterschmalz zu Crêpes ausbacken, diese mit der Gierschmasse füllen, aufrollen und servieren.

BESONDERS GUT ZU › Salaten, Pesto, Dips, Suppen, Gemüse (Kartoffeln) und Aufläufen sowie für grüne Smoothies.

VERTRÄGT SICH GUT MIT DIESEN KRÄUTERN › Bärlauch, Brennnessel, Brunnenkresse, Knoblauchsrauke, Löwenzahn, Petersilie, Pimpinelle, Rucola, Scharbockskraut.

TIPPS ANBAU & ERNTE › Die Pflanze ist nicht anspruchsvoll, bevorzugt jedoch nährstoffreiche, humose Böden an Gehölzrändern oder im Schatten von Bäumen und Hecken. Giersch ist stark wuchernd und breitet sich mit unterirdischen Ausläufern stark aus, eine Wurzelsperre kann dies verhindern. Ab März können die zarten jungen Blätter geerntet werden, ab Juni dann die dicken Blattstängel und Blüten.

AUFBEWAHRUNG UND KONSERVIERUNG › Gierschblätter halten in einem Gefrierbeutel im Gemüsefach des Kühlschranks 3 bis 4 Tage. Ältere Blätter eignen sich auch zum Trocknen.

WISSENSWERTES › Früher war Giersch ein beliebtes Wildgemüse. Im Garten gilt er jedoch als lästiges Unkraut. Entdeckt man aber seine gute Seite, hat man immer ein wohlschmeckendes, vitaminreiches Kraut zur Hand.

Monarda didyma

GOLDMELISSE

ANDERE NAMEN › Indianernessel, Scharlach-Monarde.

VERBREITUNG › Goldmelisse ist in verschiedenen Arten in Nordamerika verbreitet.

AUSSEHEN UND MERKMALE › Die winterharte, ausdauernde Staude aus der Familie der Lippenblütler wird etwa 90 cm hoch und hat vierkantige Stängel. Die rauen, teils rotgeäderten, grünen Blätter sind eiförmig-spitz und gezähnt. Von Juni bis Oktober erscheinen in Quirlen angeordnete, auffallende, fedrige, rosa-, purpurfarbene oder leuchtend rote Blüten.

AROMA UND GESCHMACK › Je nach Sorte duften die Blätter und die Blüten leicht oder stärker nach Zitrone und/oder Bergamotte. Im Geschmack sind die Blätter meist kampferartig-minzig und etwas bitter.

WIRKUNG › Goldmelisse regt den Stoffwechsel an und wirkt verdauungsfördernd, schleimlösend und fiebersenkend.

ANGEBOTSFORMEN › Saatgut und Jungpflanzen sind bei Kräutergärtnereien erhältlich.

IN DER KÜCHE › Frische junge Blätter, Blüten als essbare Garnitur, frische und getrocknete Blätter für Tee.

MINIREZEPT ZUM KENNENLERNEN: GOLDMELISSE-SAUCE

1 bis 2 Schalotten schälen und fein würfeln. In einer Pfanne 1 EL Butter zerlassen und die Schalottenwürfel darin hell andünsten. Mit 1 EL Noilly Prat ablöschen und 200 ml Geflügelfond dazugießen. Die Flüssigkeit auf die Hälfte einkochen lassen. 200 g Sahne dazugießen und etwas einkochen lassen. Inzwischen 12–15 Goldmelissenblätter waschen, trocken tupfen und in feine Streifen schneiden. Zur Sauce geben und unterrühren. Die Sauce mit Salz und Pfeffer abschmecken.

Sie schmeckt hervorragend zu Schweinefiletmedaillons. Die Medaillons vorab braten, warm halten, in die fertige Sauce einlegen und nach Belieben mit Bandnudeln servieren.

BESONDERS GUT ZU › Salaten, Saucen, Salsas und Dips, Gemüse, Fleisch (Schwein, Lamm) und Eintopfgerichten. Die Blätter würzen zudem Obstsalat und Gelees und aromatisieren Tee, Limonade, Bowle und Drinks.

VERTRÄGT SICH GUT MIT DIESEN KRÄUTERN › Aztekisches Süßkraut, Lavendel, Petersilie, Zitronenmelisse.

TIPPS ANBAU & ERNTE › Die Pflanze liebt nährstoffreiche, feuchte Böden im Halbschatten oder in der Sonne. Die Aussaat erfolgt im zeitigen Frühjahr in Anzuchtschalen. Frische Blätter und Triebspitzen können ab Juni bis in den Herbst geschnitten werden. Zum Trocknen erntet man die ganzen Stängel kurz vor der Blüte.

AUFBEWAHRUNG UND KONSERVIERUNG › Frische Stängel halten im Wasserglas oder in einem Gefrierbeutel im Kühlschrank 2 bis 3 Tage. Ganze Stängel lassen sich auch gut trocknen.

WISSENSWERTES › Goldmelissen (Monarden) galten den Indianern als Heil- und Teekraut. Die Gattung Monarda wurde von Carl von Linné nach dem spanischen Arzt und Botaniker Nicolás Monardes (1493–1588) benannt, der in seinen Werken unbekannte Pflanzen aus der Neuen Welt beschrieb.

Glechoma hederacea

GUNDERMANN

ANDERE NAMEN › Gundelrebe, Erdefeu.

VERBREITUNG › Gundermann kommt in Europa wild vor, ist bis nach Asien verbreitet und in Nordamerika eingebürgert.

AUSSEHEN UND MERKMALE › Das mehrjährige Kraut mit langen, kriechenden Ausläufern gehört zur Familie der Lippenblütler und hat vierkantige Stängel, die an den Knoten Wurzeln bilden. Seine nieren- bis herzförmig rundlichen, am Rand gekerbten Blätter sind dunkelgrün, auf der Unterseite oft rötlich. Die kleinen hellvioletten Blüten erscheinen von März/April bis Mai an aufrechten Stängeln.

AROMA UND GESCHMACK › Gundermann ist herb würzig und stark aromatisch. Er hat einen strengen, etwas harzigen, leicht bitteren Geschmack.

WIRKUNG › Frisch oder getrocknet hat Gundermann als Tee eine verdauungs- und stoffwechselfördernde Wirkung. Zudem hemmt er Entzündungen und wirkt blutreinigend.

ANGEBOTSFORMEN › Das Kraut kann an Waldrändern, auf Wiesen oder im Garten wild gesammelt werden. Kräutergärtnereien bieten aber auch Saatgut und Jungpflanzen an.

IN DER KÜCHE › Frische Blätter und Blüten. Gundermann würzt stark und wird entsprechend sparsam dosiert.

MINIREZEPT ZUM KENNENLERNEN: WILDKRÄUTERSALAT
100 g Blattsalate und 150 g Wildkräuter (Giersch, Gundermann, Knoblauchsrauke, Löwenzahn) waschen und trocken schütteln. 12 Kirschtomaten halbieren, 8 Stangen gekochten grünen Spargel in Stücke schneiden, alles in eine Schüssel geben und mischen. 1 EL Aceto balsamico bianco und 1 EL Zitronensaft mit Salz, Pfeffer, 1 TL Senf und 4–5 EL Olivenöl verrühren. Den Salat mit 200 g gekochter, in Scheiben geschnittener Putenbrust auf Tellern anrichten, mit der Vinaigrette beträufeln, mit Wildkräuterblüten garnieren und servieren.

BESONDERS GUT ZU › Blatt- und Wildkräutersalaten, Kräuterbutter und -dips, Wildkräuter-Pesto, Kräuter- und Gemüsesuppen, Eierspeisen sowie in Kombination mit Gemüse als Quichebelag. Blanchiert aromatisieren Gundermannblättchen Kartoffel- und Hülsenfrüchtegerichte.

VERTRÄGT SICH GUT MIT DIESEN KRÄUTERN › Schmeckt in Kombination mit anderen Wildkräutern (Brennnessel, Brunnenkresse, Giersch, Löwenzahn, Scharbockskraut).

TIPPS ANBAU & ERNTE › Gundermann neigt zum Wuchern, bildet im Garten häufig ganze »Unkraut-Teppiche« und ist bei Rasenfreunden entsprechend unbeliebt. Das Wildkraut gedeiht gut auf feuchten, nahrstoffreichen Böden im Halbschatten, vor allem unter oder in der Nähe von Hecken. Junge Sprosse, Blätter und Blüten können von April bis Mai geerntet werden, später werden sie derber und bitterer.

AUFBEWAHRUNG UND KONSERVIERUNG › Gundermann hält sich im Kühlschrank 2 bis 3 Tage und lässt sich auch Trocknen (Tee, Würzsalz), verliert dabei jedoch etwas an Aroma.

WISSENSWERTES › Schon Hildegard von Bingen empfahl Gundermann als Heilkraut. Für viele Säugetiere, vor allem für Pferde, ist die Pflanze jedoch giftig. Gundermann sollte grundsätzlich nur in kleinen Mengen verwendet werden.

Cryptotaenia japonica 'Purpurascens'

JAPANISCHE PETERSILIE

ANDERE NAMEN › Mitsuba, Steinpetersilie.

VERBREITUNG › Die Japanische Petersilie kommt in Japan, China und Korea wild vor, kultiviert wird sie vor allem in Japan.

AUSSEHEN UND MERKMALE › Das mehrjährige, bedingt winterharte Kraut aus der Familie der Doldenblütler wird 20 bis 60 cm hoch. Seine dreiteiligen, am Rand gezackten, grünen oder purpur-dunkelgrünen Blätter haben lange dünne Stiele. Die unscheinbaren kleinen weißen Blüten erscheinen im Sommer in unregelmäßigen Doppeldolden.

AROMA UND GESCHMACK › Zwar sieht sie ähnlich aus, im Aroma ähnelt die Japanische Petersilie aber nicht der glatten Petersilie, sondern erinnert an Sellerie, Kerbel und Engelwurz.

Das Küchenkraut hat einen angenehm milden, zurück-
haltenden Geschmack.

WIRKUNG › In Ostasien wird Japanische Petersilie auch als Heilpflanze
verwendet. Sie soll das Immunsystem stärken, Fieber sen-
ken und Blutungen stillen.

ANGEBOTSFORMEN › Japanische Petersilie ist im Fachhandel als Saatgut sowie als Jungpflanze erhältlich.

IN DER KÜCHE › Blätter und Stängel roh oder kurz gedünstet, zu starkes
Erhitzen macht sie bitter. Die Wurzeln lassen sich, ähnlich
wie Petersilienwurzeln, als Gemüse zubereiten; die Samen
dienen als Gewürz.

MINIREZEPT ZUM KENNENLERNEN: MITSUBA-TEMPURA
Für den Tempurateig 1 Ei, ½ TL Salz und 200 ml Eiswasser in einer Schüssel mit 10 g Reismehl verrühren. Nach und nach weitere 90 g Reismehl
und 100 g Weizenmehl einrühren und den Teig 1 Stunde quellen lassen.
Junge Mitsuba-Blätter und -Blattstiele in den Teig tauchen, in 175 °C
heißem Öl frittieren, herausnehmen und kurz auf Küchenpapier abtropfen lassen.

BESONDERS GUT ZU › Japanische Petersilie aromatisiert Eiergerichte,
Geflügel und Seafood sowie Wurzelgemüse, eignet sich
zudem für Suppen, Salate und grüne Smoothies.

VERTRÄGT SICH GUT MIT DIESEN KRÄUTERN › Mitsuba harmoniert
gut mit Zitrusaromen, etwa mit Zitronenbasilikum, Zitronengras, Zitronenmelisse, Zitronenverbene sowie mit
Schnittlauch.

TIPPS ANBAU & ERNTE › Das Kraut bevorzugt nährstoffreiche, feuchte
Böden an halbschattigen Standorten. Die Aussaat ins
Freiland erfolgt am besten von Mai bis August. Japanische
Petersilie lässt sich auch in Töpfen ziehen.

AUFBEWAHRUNG UND KONSERVIERUNG › Japanische Petersilie wird
meist frisch verwendet. In einem Gefrierbeutel halten die
Stängel 3 bis 4 Tage im Gemüsefach.

WISSENSWERTES › In Japan ist Mitsuba als Küchenkraut ähnlich wichtig
wie hierzulande Petersilie. Dort aromatisiert es vor allem Sushi, Suppen und Salate, aber auch Sülzen, Saucen und Gebra-
tenes. Der Name Mitsuba bedeutet übersetzt »drei Blätter«.

Tropaeolum majus

KAPUZINER-KRESSE

ANDERE NAMEN › Große Kapuzinerkresse, Indische Kresse, Blumenkresse.

VERBREITUNG › Das aus Peru und Ecuador stammende Kraut ist heute weltweit in Gärten und Parks als Zierpflanze anzutreffen.

AUSSEHEN UND MERKMALE › Die mehrjährige, frostempfindliche, kriechende oder kletternde, krautige Pflanze aus der Familie der Kapuzinerkressegewächse wird ohne Rankhilfe 15 bis 30 cm hoch und hat langstielige, schildförmige, glattrandige, grüne Blätter. Die roten, orangefarbenen oder gelben Blüten erscheinen von Juli bis Oktober.

AROMA UND GESCHMACK › Zerriebene Blätter riechen stechend und schmecken pfeffrig-scharf, ebenso wie die Blüten. Kapuzinerkresse ist schärfer als Gartenkresse.

WIRKUNG › Kapuzinerkresse wirkt durchblutungsfördernd, entwässernd, kann die Vermehrung von Bakterien und Viren verhindern und bei Pilzinfektionen helfen.

ANGEBOTSFORMEN › Kapuzinerkresse gibt es als Saatgut, seltener als Jungpflanzen, bei Gartencentern und Kräutergärtnereien.

IN DER KÜCHE › Frische Blätter, Blüten und Triebe, Blütenknospen und unreife Früchte in kleinen Mengen. Blüten und Blätter werden auch für Kräuteressig verwendet.

MINIREZEPT ZUM KENNENLERNEN: MATJESSALAT

2 Handvoll Kapuzinerkresseblätter waschen und trocken tupfen. 2 EL Mayonnaise mit 300 g Joghurt, 1–2 EL Zitronensaft, Salz, Pfeffer und 1 EL klein gehackten Kapuzinerkresseblättern würzen. 2 Frühlingszwiebeln und 1 Apfel waschen und würfeln. 4 milde Matjesdoppelfilets würfeln. Alles in einer Schüssel vermengen und den Salat abschmecken. 4 Teller mit Kapuzinerkresseblättern auslegen, den Matjessalat darauf verteilen und mit Kapuzinerkresseblüten garniert servieren.

BESONDERS GUT ZU › Salaten (Blatt-, Gurkensalate), Saucen, Suppen, Eierspeisen, Fisch- und Fleischgerichten.

VERTRÄGT SICH GUT MIT DIESEN KRÄUTERN › Petersilie, Schnittlauch.

TIPPS ANBAU & ERNTE › Kapuzinerkresse bevorzugt durchlässige, nährstoffreiche, ausreichend feuchte Böden in der Sonne oder im Halbschatten. Ab April ist die Aussaat in Anzuchtschalen, ab Mitte Mai ins Freiland möglich. Geerntet wird im Sommer und Herbst.

AUFBEWAHRUNG UND KONSERVIERUNG › Blätter und Blüten können im Kühlschrank 2 bis 3 Tage aufbewahrt werden.

WISSENSWERTES › In großen Mengen verzehrt, kann die Pflanze Magen-Darm-Beschwerden auslösen. Hautkontakt beim Schneiden oder Hochbinden kann zu Reizungen führen.

KAPUZINERKRESSEKNOSPEN IN ESSIG EINLEGEN

2 Handvoll Kapuzinerkresseknospen waschen, abtropfen lassen und über Nacht mit Salz bedecken. Am nächsten Tag abspülen, trocknen, mit 1/4 l Kräuteressig, 8 Pfefferkörnern und 1 Stängel Estragon zum Kochen bringen, mehrmals kurz aufkochen lassen und in Gläser füllen. Wie Kapern verwenden.

Anthriscus cerefolium

KERBEL

ANDERE NAMEN › Echter Kerbel, Gartenkerbel, Suppenkraut.

VERBREITUNG › Kerbel ist in Europa, Eurasien, Nordafrika sowie in Nordamerika verbreitet.

AUSSEHEN UND MERKMALE › Das einjährige Kraut aus der Familie der Doldenblütler wird 60 bis 70 cm hoch, hat runde, fein gerillte Stängel und zarte, zwei- bis dreifach gefiederte, grüne Blätter. Im Sommer erscheinen in den Blattachseln viele unscheinbare, kleine weiße Blüten.

AROMA UND GESCHMACK › Kerbel erinnert im Aussehen an glatte Petersilie, hat jedoch ein völlig anderes Aroma. Die zarten Blättchen duften fein aromatisch und schmecken süßlich-frisch und leicht anisartig. In Kräutermischungen unterstützt Kerbel den Geschmack anderer Kräuter.

WIRKUNG › Kerbel regt den Stoffwechsel an, wirkt blutreinigend, entwässernd und hilft bei Erkältungen.

ANGEBOTSFORMEN › Kerbel gibt es im Lebensmittelhandel als Bundware und Topfkraut. Bei Gartencentern und Kräutergärtnereien ist Saatgut erhältlich.

IN DER KÜCHE › Frische rohe Blätter und Stängel. Zum langen Mitgaren eignet sich das zarte Kraut weniger, es verliert dabei viel Aroma. Kerbel wird in der Regel gegen Ende der Garzeit hinzugefügt oder über das fertige Gericht gestreut.

MINIREZEPT ZUM KENNENLERNEN: KERBELSUPPE
In einem Topf 2 EL Butter zerlassen und 50 g Schalottenwürfel darin hell andünsten. 1 Bund gewaschenes, geputztes und gewürfeltes Suppengrün kurz mitgaren. 1/2 l Gemüsefond dazugießen, aufkochen und das Gemüse in etwa 10 Minuten weich garen. Anschließend durch ein Sieb streichen. 1 kleines Bund Kerbel waschen, trocken schütteln, hacken und hinzufügen. 200 g Sahne angießen und alles erneut kurz aufkochen. Die Suppe abschmecken und mit Kerbel garniert servieren.

BESONDERS GUT ZU › Hellen Saucen, Salatsaucen, Suppen, Eintöpfen, Eierspeisen, Salaten, Gemüse (Kartoffeln), Fisch, Geflügel (Hähnchen) und Fleisch (Kalb). Kerbel eignet sich auch gut für Kräuterbutter, -mayonnaise und -frischkäse sowie zum Mixen grüner Smoothies.

VERTRÄGT SICH GUT MIT DIESEN KRÄUTERN › Borretsch, Estragon, Liebstöckel, Petersilie, Portulak, Schnittlauch.

TIPPS ANBAU & ERNTE › Der schnell wachsende Kerbel bevorzugt lockere, humose, feuchte Böden an halbschattigen Standorten. Die Aussaat ins Freiland kann entweder im Herbst oder im zeitigen Frühjahr (ab März) erfolgen. Lässt man das Kraut blühen, erhält es sich durch Selbstaussaat. Es kann bis in den Herbst geerntet werden, am besten schmeckt es aber vor der Blüte.

AUFBEWAHRUNG UND KONSERVIERUNG › Kerbel kann in einem Gefrierbeutel 2 bis 3 Tage im Gemüsefach des Kühlschranks aufbewahrt werden. Er lässt sich auch gut einfrieren.

WISSENSWERTES › Kerbel war schon in der Antike beliebt. Gemeinsam mit Estragon, Petersilie und Schnittlauch zählt er zu den Fines herbes (S. 152). Zudem ist er Bestandteil der Frankfurter Grünen Sauce und der Gründonnerstagssuppe, die traditionell neun verschiedene Kräuter enthält.

Alliaria petiolata

KNOBLAUCHS-RAUKE

ANDERE NAMEN › Knoblauchskraut, Lauchhederich, Waldknoblauch.

VERBREITUNG › Die Knoblauchsrauke ist ein in Europa und Vorderasien weit verbreitetes Wildkraut und auch in Nordafrika gelegentlich anzutreffen.

AUSSEHEN UND MERKMALE › Die zwei- bis mehrjährige, aufrechte, krautige Pflanze aus der Familie der Kreuzblütler wird 60 cm bis 1 m hoch und hat eine lange Pfahlwurzel. Die gezähnten, teils schwach behaarten, grünen Blätter variieren in der Form: Die unteren sind nierenförmig-rund, die oberen herzförmig-spitz. Im zweiten Jahr von April bis Juni erscheinen die kleinen weißen Blüten.

AROMA UND GESCHMACK › Junge, zarte Blätter haben ein mildes Knoblaucharoma und sind leicht pfeffrig-scharf, ältere Blätter schmecken schärfer und erinnern eher an Kresse.

WIRKUNG › Das Wildkraut hat eine antibakterielle, wund- und blut-reinigende Wirkung, ist schleimlösend, entwässernd und fördert die Verdauung.

ANGEBOTSFORMEN › Knoblauchsrauke kann von Kennern wild gesam-melt werden, Kräutergärtnereien bieten Saatgut und Jung-pflanzen im Topf an.

IN DER KÜCHE › Frische junge, rohe Blätter, frische Blüten (essbare Gar-nitur), rohe Wurzeln (wie Meerrettich).

MINIREZEPT ZUM KENNENLERNEN: KRÄUTER-KARTOFFEL-PÜREE
750 g mehligkochende Kartoffeln waschen, in der Schale weich garen, abgießen, kurz ausdampfen lassen, pellen und noch heiß durch ein feines Sieb streichen oder mit dem Kartoffelstampfer zerdrücken.
100 g Sahne sowie 5 EL Olivenöl unterrühren und alles mit Salz, Pfeffer und Muskat würzen. 100 g Knoblauchsrauke und nach Belieben 50 g Giersch waschen, trocken schütteln, hacken und untermischen.
Das Kräuter-Kartoffel-Püree mit Salz und Pfeffer abschmecken.

BESONDERS GUT ZU › Kräuterbutter, -quark und -käse, Pesto, Saucen, Salaten, Suppen, Gemüse, Aufläufen und Eierspeisen. Gut schmecken die Blätter auch in Teig ausgebacken.

VERTRÄGT SICH GUT MIT DIESEN KRÄUTERN › Brennnessel, Giersch, Koriander, Löwenzahn, Petersilie, Schnittlauch.

TIPPS ANBAU & ERNTE › Knoblauchsrauke bevorzugt nährstoffreiche, lehmig-feuchte Böden an halbschattigen Standorten. Sie sät sich immer wieder selbst aus. Die Ernte der Triebspitzen erfolgt von April bis Juni, am besten vor der Blüte. Es können aber auch blühende Stängel abgeschnitten werden, allerdings schmeckt das Kraut dann etwas schärfer.

AUFBEWAHRUNG UND KONSERVIERUNG › Knoblauchsrauke hält im Gefrierbeutel im Gemüsefach 2 bis 3 Tage und lässt sich gut einfrieren. Zum Trocknen ist sie ungeeignet.

WISSENSWERTES › Sammler finden die Knoblauchsrauke häufig in der Nähe von Brennnesseln an halbschattigen Wald- und Weg-rändern, in Parks, Gebüschen und auf Schuttflächen.

Coriandrum sativum

KORIANDER

ANDERE NAMEN › Arabische Petersilie, Cilantro, Chinesische Petersilie, Echter Koriander, Wanzenkraut.

VERBREITUNG › Koriander wird heute weltweit in den gemäßigten und tropischen Regionen der Erde kultiviert.

AUSSEHEN UND MERKMALE › Die einjährige, krautige Pflanze aus der Familie der Doldenblütler wird etwa 1 m hoch und bildet zunächst grundständige, fiederlappige, zarte, grüne Blätter aus. Später erscheinen dann verzweigte Stängel mit gefiederten, fadenförmigen Blättern und kleinen weißen Blüten.

AROMA UND GESCHMACK › Korianderkraut hat ein würzig frisches Aroma und schmeckt arttypisch mit Anklängen von Zitrone und Minze.

WIRKUNG › Das Kraut ist appetitanregend und verdauungsfördernd.

ANGEBOTSFORMEN › Koriander ist als Bundware im Asienladen (oft mit Wurzeln) und Lebensmittelhandel erhältlich. Dort und in Gartencentern wird die Pflanze auch im Topf angeboten.

Samen sind im Gewürzregal zu finden, Saatgut und Jungpflanzen gibt es bei Gartencentern und Kräutergärtnereien.

IN DER KÜCHE › Frische rohe oder nur kurz mitgegarte Blätter und
Stängel, seltener gegarte Wurzeln.

MINIREZEPT ZUM KENNENLERNEN: MUSCHELN MIT KORIANDER
1,2 kg Venusmuscheln gründlich waschen, sauber bürsten und in einem
Sieb abtropfen lassen. Geöffnete Muscheln wegwerfen. 3–4 junge, frische Knoblauchzehen schälen und fein hacken. In einem Topf 3 EL Olivenöl erhitzen und den Knoblauch darin hell andünsten. Die Muscheln
hinzufügen, mit wenig Salz und Pfeffer würzen und unter gelegentli-
chem Rütteln garen, bis sie sich geöffnet haben. Geschlossene Exemp-
lare aussortieren und wegwerfen. 3–4 EL Zitronensaft, 100 ml Weißwein sowie 1 Handvoll Korianderblättchen zu den Muscheln geben. Alles
gut vermischen und mit knusprigem Baguette servieren.

BESONDERS GUT ZU › Dips (Guacamole), Salsas, Chutneys, Pickles,
Suppen, Currys, Gemüse (Avocados, Kartoffeln, Linsen,
Möhren), Fisch und Meeresfrüchten, Reis.

VERTRÄGT SICH GUT MIT DIESEN KRÄUTERN › (Thai-)Basilikum,
Minze, Petersilie, Rau om, Schnittknoblauch, Schnittlauch,
Zitronengras.

TIPPS ANBAU & ERNTE › Das Kraut liebt durchlässige, nährstoffreiche
Böden an halbschattigen Standorten und benötigt viel
Feuchtigkeit. Geerntet werden die grundständigen, zarten
Blätter vor der Blüte.

AUFBEWAHRUNG UND KONSERVIERUNG › Koriander hält im Gefrierbeutel im Gemüsefach des Kühlschranks 2 bis 3 Tage. Das
Kraut lässt sich einfrieren, zum Trocknen ist es ungeeignet.

WISSENSWERTES › Koriander ist das weltweit am meisten verwendete
Würzkraut, aufgrund seines eigenwilligen Aromas jedoch
nicht jedermanns Sache. Die einen lieben es, die anderen
mögen es gar nicht. Für Liebhaber hier eine Zusammenstellung von Kräutern mit ähnlichem Aroma: Das sind der
Mexikanische oder Lange Koriander *(Eryngium foetidum),*
auch Culentro genannt, dann das zitronig-frisch duftende
Vap Ca *(Houttuynia cordata)* und der leicht scharfe Vietnamesische Koriander *(Persicaria odorata,* Syn. *Polygonum
odoratum),* in Vietnam Rau ram genannt.

Lepidium sativum

KRESSE

ANDERE NAMEN › Gartenkresse, Pfefferkraut, Tellerkresse.

VERBREITUNG › Die einjährige Gartenkresse stammt vermutlich aus dem vorderen Orient (Iran), ist in West- und Zentralasien verbreitet und wird heute an vielen Orten der Welt kultiviert.

AUSSEHEN UND MERKMALE › Das einjährige Kraut aus der Familie der Kreuzblütler kann bis zu 50 cm hoch werden und hat verkehrt eiförmige, dunkelgrüne Grundblätter. Die oberen Blätter sind verschiedenartig gefiedert. An den Spitzen der verzweigten, kahlen, bläulich grünen Stängel erscheinen von Mai bis November zahlreiche weiße oder rosafarbene kleine Blüten.

AROMA UND GESCHMACK › Kresse hat ein kräftiges, an Senf und Rettich erinnerndes Aroma und schmeckt leicht scharf.

WIRKUNG › Kresse enthält viel Vitamin C, wirkt blutreinigend, stoffwechselanregend und hilft gegen Frühjahrsmüdigkeit.

ANGEBOTSFORMEN › Kressekeimlinge in Saatschalen sind an der Gemüsetheke erhältlich. Saatgut gibt es im Einzelhandel, in Supermärkten sowie in Gärtnereien und Gartencentern.

IN DER KÜCHE › Frische rohe Keimlinge sowie frische Blätter und Blüten der ausgewachsenen Pflanzen.

MINIREZEPT ZUM KENNENLERNEN: KRESSEBUTTER
50 g weiche Butter in einer Schüssel cremig rühren. 40 g Kresse (rohe Keimlinge oder frische junge Blätter) waschen, trocken tupfen und klein schneiden. Die Kresse zur Butter geben, 1 Prise Meersalz hinzufügen und alles gut vermischen. Die Kressebutter in Schälchen füllen, im Kühlschrank fest werden lassen und zu frischem Bauernbrot servieren.

BESONDERS GUT ZU › Salaten, Kräuterbutter und -quark, Brotaufstrichen sowie als Garnitur zu Suppen, Eierspeisen und Kartoffelgerichten. Gelegentlich wird Kresse auch wie Spinat kurz gedünstet und als Gemüse serviert.

VERTRÄGT SICH GUT MIT DIESEN KRÄUTERN › Brennnessel, Giersch, Löwenzahn, Pimpinelle.

TIPPS ANBAU & ERNTE › Kresse ist pflegeleicht, gedeiht auf jedem Gartenboden an sonnigen bis halbschattigen Standorten. Zur Gewinnung der Keime ist die Aussaat in Schalen ganzjährig möglich. Die Samen nur leicht mit Erde bedecken, sie können schon nach wenigen Tagen geerntet werden. Eine Aussaat ins Freiland erfolgt ab März. Keimlinge und junge Blätter können nach Bedarf geerntet werden.

AUFBEWAHRUNG UND KONSERVIERUNG › Da Kressekeimlinge das ganze Jahr über zur Verfügung stehen, wird das Kraut in der Regel frisch verwendet und nicht konserviert.

WISSENSWERTES › Schon in der griechischen und römischen Antike war Kresse ein geschätzter Vitaminspender. Für den Garten interessant ist auch die mehrjährige, heimische Art: Die Ausdauernde Kresse *(Lepidium latifolium),* auch Breitblättrige Kresse genannt, kann bis zu 1 m hoch werden und liefert bei ständigem Rückschnitt die ganze Saison über frische zarte Blätter.

Lavandula angustifolia

LAVENDEL

ANDERE NAMEN › Echter Lavendel, Lavande, Levander, Narde.

VERBREITUNG › Der aus dem Mittelmeerraum stammende Lavendel ist in Süd- und Osteuropa verbreitet.

AUSSEHEN UND MERKMALE › Der aufrecht wachsende, winterharte, immergrüne Strauch aus der Familie der Lippenblütler erreicht in seiner Heimat Höhen von 2 m oder mehr, bei uns wird er aber selten höher als 50 cm. Lavendel hat lanzettartig schmale, oft silbrig behaarte, blaugrüne Blätter. Von Juni bis August erscheinen je nach Sorte kleine blau- bis rosaviolette, selten weiße Blüten auf blattlosen Schäften.

AROMA UND GESCHMACK › Lavendel hat ein intensives, arteigenes Aroma, das an Zitrone und Minze erinnert. Er schmeckt kampferartig und leicht bitter.

WIRKUNG › Lavendel wirkt entspannend, beruhigt Nerven und Magen, fördert das Einschlafen und vertreibt Motten im Schrank.

ANGEBOTSFORMEN › In Gartencentern ist Lavendel als Topfware erhältlich. Kräutergärtnereien bieten Saatgut und Jungpflanzen in verschiedenen Sorten an. Getrocknete Blüten gibt es in Apotheken und im Gewürzfachhandel zu kaufen.

IN DER KÜCHE › Frische sowie getrocknete Blüten und Blätter.

MINIREZEPT ZUM KENNENLERNEN: APFEL-LAVENDEL-TARTE
Eine Tarteform mit Blätterteig (TK oder Kühlregal) auslegen. 8 EL Apfelmus mit 1–2 TL Limettensaft verrühren, auf dem Teigboden verstreichen und mit 1 EL abgezupften frischen Lavendelblüten bestreuen. 4 Äpfel schälen, vom Kerngehäuse befreien, in dünne Spalten schneiden und kreisförmig auf den Teig legen. Zum Schluss 40 g Puderzucker darübersieben, mit 20 g Butterflöckchen bestreuen und bei 220 °C im vorgeheizten Ofen in 15–20 Minuten schön goldbraun backen.

BESONDERS GUT ZU › Süßspeisen, Früchten und Kompotten, Eis, Sorbets, Kuchen und Gebäck. Lavendel aromatisiert aber auch Pikantes wie Saucen und Marinaden, Reis, Fleisch (Lamm), Geflügel und Kaninchen.

VERTRÄGT SICH GUT MIT DIESEN KRÄUTERN › Bohnenkraut, Gewürztagetes, Goldmelisse, Oregano, Perilla, Rosmarin, Thymian.

TIPPS ANBAU & ERNTE › Lavendel liebt durchlässige, magere, kalkhaltige Böden an warmen, sonnigen Standorten. Ein erster Rückschnitt nach der Blüte und das Kürzen der Zweige bis auf die verholzte Basis im Frühjahr hält die Pflanzen kompakt. Geerntet werden ganze Rispen zu Beginn der Blüte.

AUFBEWAHRUNG UND KONSERVIERUNG › Lavendel hält sich 1 Woche im Wasserglas oder Kühlschrank. Aufgehängt lässt er sich außerdem gut trocknen.

WISSENSWERTES › Vor allem die Provence ist für ihren Lavendel berühmt. Dort gibt es besonders aromatische Sorten.

LAVENDELZUCKER HERSTELLEN
In ein Schraubdeckelglas 1,5 cm hoch feinkörnigen Zucker einfüllen, darauf 3–4 EL getrocknete Lavendelblüten geben. Dann erneut eine Lage Zucker und Lavendelblüten einfüllen und so weiterverfahren, bis das Glas gefüllt ist, dabei mit Zucker abschließen. Lavendelzucker verfeinert Süßspeisen und Gebäck und ist ein schönes Geschenk.

Levisticum officinale
LIEBSTÖCKEL

ANDERE NAMEN › Großer Eppich, Maggikraut, Suppenlob.

VERBREITUNG › Liebstöckel ist in Europa, Westasien und Nordamerika weit verbreitet.

AUSSEHEN UND MERKMALE › Die ausdauernde, winterharte Staude aus der Familie der Doldenblütler kann 1 bis 2 m hoch werden, hat aufrechte, röhrenartige, im oberen Teil geriefte, verzweigte Stängel und gestielte, gefiederte, nach oben kleiner werdende, grob gezähnte, glänzend-dunkelgrüne Blätter. Von Juni bis August erscheinen kleine, gelbe Blüten in großen Doppeldolden.

AROMA UND GESCHMACK › Liebstöckel hat ein arttypisches, starkes Aroma, das etwas an Sellerie erinnert. Junge Blätter schmecken fruchtig-würzig und leicht scharf, später im Jahr werden sie herber und leicht bitter.

WIRKUNG › Liebstöckel regt Appetit und Verdauung an, ist entwässernd und hilft bei Sodbrennen und Völlegefühl.

ANGEBOTSFORMEN › Im Lebensmittelhandel ist Liebstöckel frisch als Topfkraut, gelegentlich auch als Bundware an der Gemüsetheke und getrocknet im Gewürzregal erhältlich. Kräutergärtnereien bieten Saatgut und Jungpflanzen an.

IN DER KÜCHE › Frische oder getrocknete Blätter und Stängel in kleinen Mengen, Samen und gemahlene Wurzeln dienen als Gewürz. Liebstöckel eignet sich zum Mitgaren, wird oft aber erst gegen Ende der Garzeit zugefügt.

MINIREZEPT ZUM KENNENLERNEN: GEMÜSEEINTOPF
Je 100 g Möhren, Petersilienwurzeln, Staudensellerie, Brokkoli, grüne Bohnen, Zucchini, weiße Rüben und Frühlingszwiebeln putzen, waschen und klein schneiden. 100 g Erbsen palen und je ¼ rote und gelbe Paprikaschote putzen und klein würfeln. In einem großen Topf 30 g Butter zerlassen und das Gemüse darin andünsten. Mit wenig Salz und Pfeffer würzen, 1,5 l Gemüsefond sowie 6 Liebstöckelblätter hinzufügen. Etwa 15 Minuten köcheln lassen, bis das Gemüse weich ist. Den Eintopf auf Teller verteilen und mit Brot servieren.

BESONDERS GUT ZU › Kräuterbutter und -quark, Saucen, Dips, Salaten, Gemüse (Hülsenfrüchte, Kartoffeln, Wurzelgemüse), Fisch und Meeeresfrüchten, Fleisch (Lamm, Ragouts), Suppen, Eintöpfen, Aufläufen, Eierspeisen, Nudeln und Reis.

VERTRÄGT SICH GUT MIT DIESEN KRÄUTERN › Basilikum, Eberraute, Estragon, Kerbel, Lorbeer, Majoran, Oregano, Petersilie, Schnittknoblauch, Schnittlauch, Schnittsellerie, Thymian.

TIPPS ANBAU & ERNTE › Liebstöckel gedeiht gut auf lockeren humosen, nährstoffreichen Böden an halbschattigen Standorten. Empfehlenswert ist ein regelmäßiger Rückschnitt vor der Blüte, es sei denn, man will die Samen ernten. Die Aussaat erfolgt ab April direkt ins Freiland, geerntet werden die frischen Blätter und Stängel während der ganzen Saison.

AUFBEWAHRUNG UND KONSERVIERUNG › Liebstöckel hält im Wasserglas oder im Kühlschrank 3 bis 4 Tage. Er lässt sich trocknen, einfrieren und fein gehackt in Salz einlegen.

WISSENSWERTES › Liebstöckel wurde bereits im antiken Griechenland und auch im Mittelalter als Heilkraut geschätzt. Bei Nierenleiden und während der Schwangerschaft sollte man allerdings besser auf ihn verzichten.

Agastache mexicana 'Toronjil Morado'

LIMETTEN-AGASTACHE

ANDERE NAMEN › Duftnessel, Lemon-Ysop, Purpurmelisse.

VERBREITUNG › Agastachen sind in mehreren Unterarten in Nord- und Mittelamerika verbreitet und werden hierzulande erst seit Kurzem kultiviert.

AUSSEHEN UND MERKMALE › Die ausdauernden, bedingt oder nicht winterharten, krautigen Pflanzen aus der Familie der Lippenblütler erreichen je nach Sorte eine Höhe zwischen 60 cm und 1,6 m und haben spitz-ovale, gezähnte, grüne Blätter. Im Juli und August erscheinen die auffälligen länglichen, magentaroten Blüten.

AROMA UND GESCHMACK › Diese Agastache hat einen feinen Zitrusduft und schmeckt erst zitronig-frisch, dann leicht herb. Je nach Sorte kann auch eine feine Anisnote mit dabei sein.

WIRKUNG › Das Kraut wirkt appetitanregend, fördert die Verdauung und hat eine entzündungshemmende Wirkung.

ANGEBOTSFORMEN › Jungpflanzen der unterschiedlichen Agastache-(Unter-)Arten und Sorten gibt es bei Kräutergärtnereien, von einigen ist auch Saatgut erhältlich.

IN DER KÜCHE › Frische Blätter und Blüten.

MINIREZEPT ZUM KENNENLERNEN: KRÄUTERLIKÖR
80 g Limetten-Agastache-Blätter säubern, falls nötig, kurz abbrausen, trocken tupfen und in ein Einmachglas geben. 0,7 l Wodka angießen, das Glas verschließen und 2–3 Wochen an einem warmen Platz stehen lassen. Anschließend 250 g Zucker mit 1/2 l Wasser aufkochen, bis der Zucker sich aufgelöst hat. Den Kräuterauszug durch ein Sieb gießen und mit der Zuckerlösung vermischen. Den Likör in Flaschen füllen und an einem kühlen, dunklen Ort 4–6 Wochen reifen lassen.

BESONDERS GUT ZU › Saucen und Dips, Salaten, Fisch und Meeresfrüchten, Geflügel, Obstsalaten, Süßspeisen und Desserts. Die Blätter eignen sich sehr gut zum Aromatisieren von Kräutertee und -likör, Drinks und Limonaden.

VERTRÄGT SICH GUT MIT DIESEN KRÄUTERN › Basilikum, Estragon, Goldmelisse, Kerbel, Koriander, Majoran, Minze, Petersilie, Schnittknoblauch, Schnittlauch.

TIPPS ANBAU & ERNTE › Alle Agastachen bevorzugen durchlässige, humose Böden an sonnigen Plätzen und benötigen regelmäßig Wasser. Aussaat ins Freiland ab Mitte Mai. Geerntet werden Blätter und Blüten nach Bedarf.

AUFBEWAHRUNG UND KONSERVIERUNG › Stängel und Blätter halten in einem Gefrierbeutel im Gemüsefach des Kühlschranks 3 bis 4 Tage und lassen sich auch einfrieren. Getrocknet eignen sich Blätter und Blüten für Tee.

WISSENSWERTES › Wer ein reines Zitrusaroma ohne jede Anisnuance bevorzugt, dem sei diese unter ihrem mexikanischen Namen 'Toronjil Morado' erhältliche Auslese empfohlen. Wer Anis liebt, greift zum verwandten winterfesten Anis-Ysop (*Agastache foeniculum*), dessen Blätter ein intensives Anis- oder Lakritzaroma aufweisen. Botanisch hat die Pflanze allerdings weder mit Anis noch mit Ysop etwas zu tun.

Cochlearia glastifolia
LÖFFELKRAUT

ANDERE NAMEN › Ausdauerndes Löffelkraut, Skorbutkraut.

VERBREITUNG › Löffelkraut ist in mehreren Arten auf der nördlichen Halbkugel auf küstennahen Salzwiesen anzutreffen.

AUSSEHEN UND MERKMALE › Die zweijährige oder ausdauernde, winterharte, krautige Pflanze aus der Familie der Kreuzblütler wird bis zu 30 cm hoch, manchmal auch noch höher, und hat gestielte, rosettenartig angeordnete, länglich runde, dunkelgrüne oder bläulich grüne, saftige oder fleischige Blätter. Im Frühjahr oder Sommer erscheinen kleine weiße Blüten.

AROMA UND GESCHMACK › Die Blätter erinnern im Aroma an Kresse und schmecken scharf und je nach Art auch mehr oder weniger bitter.

WIRKUNG › Löffelkraut enthält viele Mineralstoffe und Vitamine, vor allem Vitamin C und K. Es hat eine stoffwechselanregende, magenstärkende, blutreinigende und blutstillende Wirkung und stärkt das Immunsystem.

ANGEBOTSFORMEN › Kräutergärtnereien bieten Saatgut und Jungpflanzen an. Das verwandte Echte Löffelkraut *(Cochlearia officinalis)* ist meist nur als Saatgut erhältlich.

IN DER KÜCHE › Frische junge Blätter oder in Salz eingelegte Blätter.

MINIREZEPT ZUM KENNENLERNEN: KÄSE-KRÄUTER-CREME
200 g Feta mit 20 g weicher Butter, 100 g Frischkäse und 50 g griechischem Joghurt verrühren. 1 Knoblauchzehe schälen und fein hacken. Mit 2 gewürfelten Schalotten, 1 fein gehackten roten Chilischote (ohne Kerne), 1 EL gehackter Petersilie sowie 1–2 EL klein geschnittenem Löffelkraut unterrühren. Die Creme mit Salz und Pfeffer würzen.

BESONDERS GUT ZU › Salaten, Kräuterbutter und -quark, Frischkäsedips, zu Gemüse (Möhren, Kartoffeln) und Eierspeisen. Die knackigen Blätter können auch wie Spinat kurz gedünstet als Gemüse zubereitet werden und eignen sich gut für grüne Smoothies.

VERTRÄGT SICH GUT MIT DIESEN KRÄUTERN › Petersilie, Schnittlauch.

TIPPS ANBAU & ERNTE › Die Pflanze bevorzugt feuchte, salzige Böden an kühlen, halbschattigen oder schattigen Standorten. Die Aussaat erfolgt im Frühjahr oder Herbst direkt ins Freiland. Geerntet werden können die Blätter ganzjährig, sogar im Winter, da sie auch unter dem Schnee grün bleiben.

AUFBEWAHRUNG UND KONSERVIERUNG › Das Kraut wird am besten frisch verwendet, lässt sich aber auch in Salz einlegen.

WISSENSWERTES › Löffelkraut ist ein altes, etwas in Vergessenheit geratenes Küchen- und Heilkraut. Das Ausdauernde Löffelkraut stammt von den Küsten Dänemarks. Das Echte Löffelkraut wächst hierzulande an der Nord- und Ostseeküste wild, sollte aber nicht gesammelt werden, da es unter Naturschutz steht. Seine Blätter wurden früher in Salz konserviert, in Fässer eingelagert und dienten Seeleuten als wirksames Mittel gegen Skorbut, daher auch sei Name Skorbutkraut.

Laurus nobilis

LORBEER

ANDERE NAMEN › Echter Lorbeer, Gewürzlorbeer.

VERBREITUNG › Der vermutlich aus Vorderasien stammende Lorbeer ist im Mittelmeerraum weit verbreitet und auch im Nordwesten der USA (Pazifikseite) anzutreffen.

AUSSEHEN UND MERKMALE › Der wärmeliebende, bedingt winterharte (bis -10 °C), immergrüne Strauch oder kleine Baum aus der Familie der Lorbeergewächse erreicht in geeigneten Regionen Höhen von bis zu 15 m. Er hat spitz-ovale oder lanzettartige, ledrige, auf der Oberseite glänzend dunkelgrüne, auf der Unterseite matte Blätter. Die kleinen weißlich grünen Blüten erscheinen von März bis Mai.

AROMA UND GESCHMACK › Junge frische Lorbeerblätter haben ein süßlich fruchtiges Aroma und schmecken leicht bitter. Ältere Blätter sind herb-würzig.

WIRKUNG › Lorbeer ist appetitanregend, stärkt Magen und Verdauung, wirkt antibakteriell und wehrt Insekten ab.

ANGEBOTSFORMEN › Gärtnereien, Gartencenter und Kräutergärtnereien bieten Jungpflanzen an. Getrocknete Blätter gibt es im Gewürzregal von Einzelhandel und Supermärkten.

IN DER KÜCHE › Frische und getrocknete Blätter in geringen Mengen, gut zum Mitgaren geeignet.

MINIREZEPT ZUM KENNENLERNEN: LORBEERKARTOFFELN
1 kg kleine vorwiegend festkochende oder festkochende Kartoffeln schälen und längs mittig einschneiden. Jeweils 1 frisches Lorbeerblatt in den Einschnitt stecken. 2 EL Olivenöl in eine ofenfeste Form geben, die Kartoffeln einlegen, salzen und mit Olivenöl beträufeln. Die Kartoffeln im vorgeheizten Backofen bei 200 °C je nach Größe 45–55 Minuten backen, bis sie gar und leicht gebräunt sind. Ganz junge Kartoffeln brauchen nicht geschält zu werden. Lorbeerkartoffeln sind eine gute Beilage zu gegrilltem Fisch oder Fleisch.

BESONDERS GUT ZU › Marinaden, Saucen, Suppen, Sülzen, Eintöpfen und Schmorgerichten sowie zu Fisch, Fleisch, Wild und Kartoffeln. Lorbeer aromatisiert zudem Kräuteressige und sauer eingelegtes Gemüse (Gurken).

VERTRÄGT SICH GUT MIT DIESEN KRÄUTERN › Liebstöckel, Majoran, Petersilie, Rosmarin, Schnittsellerie, Thymian und Weinraute. Er ist Bestandteil vieler Bouquets garnis (S. 152).

TIPPS ANBAU & ERNTE › Lorbeer bevorzugt durchlässige, nährstoffreiche Böden an windgeschützten, sonnigen Standorten. Bei uns lässt sich die Pflanze meist nur im (großen) Kübel halten. Gut eignen sich Lorbeerbäumchen, die an einem frostfreien, kühlen, aber nicht zu dunklen Standort überwintern. Die Ernte der Blätter und Zweige erfolgt ganzjährig.

AUFBEWAHRUNG UND KONSERVIERUNG › Frische Zweige halten in Wasser gestellt oder in einem Gefrierbeutel im Gemüsefach des Kühlschranks etwa 1 Woche. Sie lassen sich aber am Zweig auch sehr gut trocknen.

WISSENSWERTES › Der Apollo geweihte Lorbeer galt in der Antike als Siegessymbol: Feldherren, Sportler, Dichter, Kaiser und Gelehrte wurden mit einem Lorbeerkranz geehrt.

Taraxacum officinale

LÖWENZAHN

ANDERE NAMEN › Butterblume, Kuhblume, Pusteblume, Wilde Zichorie.

VERBREITUNG › Löwenzahn kommt weltweit in vielen verschiedenen Arten, Unterarten und Varietäten vor.

AUSSEHEN UND MERKMALE › Die ausdauernden, krautigen Pflanzen aus der Familie der Korbblütler erreichen Höhen von 10 bis 30 cm, haben lange, dicke Pfahlwurzeln und enthalten einen weißen Milchsaft. Die langen, schmalen, grünen Blätter sind ganzrandig bis tief gezähnt und in einer grundständigen Rosette angeordnet. Im April und Mai erscheinen viele, später vereinzelte, 3 bis 5 cm große, leuchtend gelbe Blüten auf langen, runden, röhrenartig hohlen Stielen.

AROMA UND GESCHMACK › Junge Blätter sind leicht, ältere stark bitter. Die Blüten (ohne Kelch) schmecken honigartig süß.

WIRKUNG › Löwenzahn ist appetit- und stoffwechselanregend, hilft bei Frühjahrsmüdigkeit und Verdauungsbeschwerden. Zudem wirkt das Kraut entwässernd, reinigt Leber und Galle und wird gegen Magenentzündungen und Rheuma eingesetzt.

ANGEBOTSFORMEN › Kultur-Löwenzahn gibt es auf Märkten und im Gemüseregal, Saatgut bei Kräutergärtnereien. Blätter, Knospen und Blüten des wilden Löwenzahns können auf ungedüngten Wiesen abseits von Straßen gesammelt werden.

IN DER KÜCHE › Frische junge, hellgrüne Blätter, feste Knospen ohne oder mit niedrigem Stiel, Blüten, Wurzeln.

MINIREZEPT ZUM KENNENLERNEN: LÖWENZAHN-SPECK-SALAT
2 Handvoll Löwenzahnblätter und 150 g Blattsalate waschen und trocken schleudern. 50 g gewürfelten durchwachsenen Räucherspeck in 1 EL Olivenöl in einer beschichteten Pfanne anbraten, 2 Scheiben entrindetes, gewürfeltes Toastbrot hinzufügen und auf allen Seiten braun braten. 2 EL Weißweinessig mit 1 EL Zitronensaft, 1 TL grobkörnigem Senf, Salz und Pfeffer, 3 EL Olivenöl sowie 2 EL Walnussöl zu einer Vinaigrette verrühren. Den Salat auf Teller verteilen, mit der Sauce beträufeln und mit Speckwürfeln und Croûtons bestreut servieren.

BESONDERS GUT ZU › Salaten und Wildkräutersalaten, gedünstet als Gemüse. Löwenzahnblüten eignen sich als essbare Garnitur, zum Aromatisieren von Sirup und Essig. Die Knospen lassen sich wie Kapern in Essig einlegen (S. 69), die (schwer auszugrabenden) Wurzeln schmecken als Gemüse.

VERTRÄGT SICH GUT MIT DIESEN KRÄUTERN › Bärlauch, Brennnessel, Giersch, Gundermann, Knoblauchsrauke, Sauerampfer.

TIPPS ANBAU & ERNTE › Löwenzahn wächst auf nährstoffreichen Wiesen. Die Kulturform wird von März bis September direkt ins Freiland gesät. Junge, zarte Blätter erntet man im Frühjahr (aus der Mitte der Blattrosette zupfen), später sind sie bitterer. Zeit für die Wurzelernte ist im Herbst.

AUFBEWAHRUNG UND KONSERVIERUNG › Die Blätter halten in Gefrierbeutel oder -dose 2 bis 3 Tage im Kühlschrank.

WISSENSWERTES › Aufgrund der enthaltenen Bitterstoffe ist Löwenzahn eine wichtige Heilpflanze. In der Nachkriegszeit dienten getrocknete, geröstete und gemahlene Löwenzahnwurzeln als Kaffeeersatz. Inzwischen wird aus ihnen gelegentlich wieder Zichorienkaffee hergestellt.

Origanum majorana

MAJORAN

ANDERE NAMEN › Bratenkräutel, Gartenmajoran, Mairan, Wurstkraut.

VERBREITUNG › Der im Mittelmeergebiet weit verbreitete Majoran ist eng mit Oregano verwandt, im Gegensatz zu diesem bei uns aber nicht heimisch. Einjährig wird das Kraut jedoch auch in Mittel- und Osteuropa kultiviert.

AUSSEHEN UND MERKMALE › Der wärmeliebende, nicht winterharte aufrechte Zwergstrauch aus der Familie der Lippenblütler erreicht eine Höhe von 30 bis 60 cm und hat graugrüne, oft rötlich gefärbte, behaarte Stängel mit kleinen, eiförmigen, filzig behaarten Blättern. Die kleinen weißen oder rosa Blüten erscheinen von Juli bis Oktober.

AROMA UND GESCHMACK › Majoran hat einen würzig aromatischen, erfrischenden Geruch und schmeckt leicht harzig-bitter und brennend.

WIRKUNG › Das Kraut ist appetitanregend und verdauungsfördernd, das ätherische Öl des Majorans wirkt antibakteriell, beruhigend und entspannend.

ANGEBOTSFORMEN › Frisch gibt es Majoran als Bundware und Topf-kraut, getrocknet und gerebelt im Gewürzregal des Lebens-mittelhandels. Gärtnereien und Kräutergärtnereien bieten Saatgut und Jungpflanzen an.

IN DER KÜCHE › Frische und getrocknete Blätter. Getrockneter Majoran ist gut zum Mitgaren geeignet, frische Blätter gibt man besser erst gegen Ende der Garzeit zu.

MINIREZEPT ZUM KENNENLERNEN: MAJORAN-FRIKADELLEN
1 Brötchen vom Vortag in lauwarmem Wasser einweichen. 500 g Hack-fleisch (gemischt oder vom Schwein) in eine Schüssel geben, 2 Eier (Größe S), 4 fein gehackte Frühlingszwiebeln, ¼ fein gewürfelte rote Paprikaschote, 1 TL fein geschnittene Majoranblättchen, 1 EL gehackte Petersilie, Salz, Pfeffer, 1 Prise Chilipulver sowie das gut ausgedrückte Brötchen dazugeben und alles gut mischen. Aus dem Fleischteig kleine Frikadellen formen und in heißem Öl goldbraun braten.

BESONDERS GUT ZU › Wurst (Leberwurst, Bratwürste), Fleisch (Schwein), Geflügel (Gans), Gemüse (Kartoffelgerichte), Knödeln und Füllungen sowie zu deftigen Eintöpfen und Schmorgerichten (Ragouts).

VERTRÄGT SICH GUT MIT DIESEN KRÄUTERN › In geringen Mengen mit Petersilie, Rosmarin, Salbei und Thymian.

TIPPS ANBAU & ERNTE › Majoran gedeiht auf lockeren, nährstoffrei-chen, kalkhaltigen Böden an sonnigen, warmen Stand-orten. Andere Lippenblütler wie Thymian, Melisse oder Minze mag er nicht in seiner Nähe. Im Topf lässt sich das Kraut im Haus überwintern. Gesät wird ab Mai ins Frei-land. Frische Blätter können die ganze Saison über geerntet werden, zum Trocknen schneidet man ganze Stängel am besten kurz vor oder während der Blüte.

AUFBEWAHRUNG UND KONSERVIERUNG › Majoran hält im Wasserglas oder Kühlschrank 2 bis 3 Tage. Das Kraut eignet sich zum Trocknen, dabei verstärkt sich sein Aroma noch.

WISSENSWERTES › Wer das Kraut nicht Jahr für Jahr neu pflanzen will, für den gibt es eine Alternative: Winterharter Majoran *(Origanum × majoricum),* auch Sizilianischer Oregano ge-nannt, ist eine Kreuzung beider Arten, erinnert vom Aroma her aber eher an den einjährigen Majoran als an Oregano.

Mentha spicata

MINZE, GRÜNE

ANDERE NAMEN › Ährige Minze, Römische Minze.

VERBREITUNG › Die Grüne Minze ist eine der bekanntesten und meist-
genutzten Minzen. Sie ist in verschiedenen Unterarten und
Sorten in Europa, Nordafrika und Vorderasien anzutreffen.

AUSSEHEN UND MERKMALE › Die ausdauernde, mehrjährige, winterharte krautige Pflanze aus der Familie der Lippenblütler
kann 40 bis 80 cm hoch werden, hat kräftige grüne oder rötliche Stängel und eiförmig ovale bis breit lanzettartige, spitz
zulaufende, glatte, teils auch leicht krause, grüne Blätter. Von
Juli bis September erscheinen violettrosa Blütenähren.

AROMA UND GESCHMACK › Grüne Minze hat ein mildes Minzaroma
und schmeckt erfrischend.

WIRKUNG › Minze ist appetitanregend, fördert die Verdauung, hilft bei
Blähungen, wirkt belebend und stärkt die Nerven.

ANGEBOTSFORMEN › Der Lebensmittelhandel bietet Minze als Bundware und Topfkraut an, im Topf ist sie auch in Gartencentern erhältlich. Kräutergärtnereien haben teilweise ein großes Sortiment an Jungpflanzen im Angebot.

IN DER KÜCHE › Frische Blätter, getrocknet als Tee.

MINIREZEPT ZUM KENNENLERNEN: TABBOULEH
300 g Bulgur (feine Weizengrütze) in einer Schüssel mit 1/2 l kochendem Wasser übergießen und zugedeckt 10 Minuten quellen lassen. Abgießen und abtropfen lassen. 3 Tomaten, 1/2 rote Paprikaschote sowie 2 bis 3 geputzte Frühlingszwiebeln fein würfeln und hinzufügen. 1 Bund Petersilie und 1 Handvoll Minzeblätter waschen, trocken schütteln und fein schneiden. Die Kräuter, 90 ml Olivenöl, 3 EL Zitronensaft, Salz und Pfeffer untermischen. Das Tabbouleh nach Belieben mit gemahlenem Kreuzkümmel abschmecken und gekühlt servieren.

BESONDERS GUT ZU › Salaten, Saucen, Joghurtdips und -saucen, Gemüse (Hülsenfrüchte, Möhren), Fleisch (Lamm, Hackfleisch von Schwein und Rind), Geflügel (Hähnchen), Eierspeisen, Süßspeisen (Obstsalate mit Zitrusfrüchten), Tee, Drinks und anderen Getränken (Wasser).

VERTRÄGT SICH GUT MIT DIESEN KRÄUTERN › Basilikum, Petersilie.

TIPPS ANBAU & ERNTE › Minzen lieben feuchte, nährstoffreiche Böden an warmen, sonnigen bis halbschattigen Standorten. Sie bilden lange Ausläufer und neigen zum Wuchern. Wurzelsperren können dies verhindern. Die Pflanzen eignen sich auch für Topfkultur, solange Töpfe und Kübel groß genug sind. Die Ernte der frischen Blätter erfolgt laufend, zum Trocknen schneidet man ganze Stängel kurz vor der Blüte.

AUFBEWAHRUNG UND KONSERVIERUNG › Frische Blätter und Stängel halten einige Tage im Kühlschrank, können aber auch eingefroren werden. Minze lässt sich zudem gut trocknen.

WISSENSWERTES › Die Gattung der Minzen umfasst 20 bis 30 Arten und Hunderte Varietäten. Aus kulinarischer Sicht ist die Einteilung einfach: Es gibt stark mentholhaltige Minzen (Pfefferminzen) und solche, deren ätherische Öle wenig oder kein Menthol enthalten und die sich darum für die Küche empfehlen. Interessant sind die Sorten Englische Grüne Minze, Taschkent und Krause Minzen (S. 94–95).

Mentha × species

ERDBEER-MINZE

Die Aromenvielfalt der Minzen ist enorm: So erinnert eine Sorte an Ananas, eine andere an Bananen, die nächste an Schokolade und eine ganze Reihe weiterer Sorten an verschiedene Zitrusfrüchte. Die Erdbeerminze zählt zu den fruchtigen, mentholhaltigen Minzen. Die ausdauernde, winterharte Pflanze bleibt mit 30 bis 50 cm eher zierlich und hat eiförmig-spitze, leicht gesäge Blätter. Die kleinen hellvioletten Blüten erscheinen von Juni bis September. Erdbeerminzen lieben nährstoffreiche, feuchte Böden an sonnigen bis halbschattigen Standorten und eignen sich gut für die Topfhaltung.

› Bei stärkerer Berührung duften die Blätter nach Erdbeeren. Ihr Geschmack ist frisch-fruchtig. Die frischen Blätter aromatisieren Süßspeisen, Obstsalate, Tee und Getränke.

Mentha spicata var. *crispa* '*Marokko*'

MAROK. MINZE

Zu den mentholarmen Minzen zählt die Marokkanische Minze, eine Unterart der Grünen und Varietät der Krausen Minze. Die bedingt winterharte, in milden Wintern ganzjährig grüne Staude wird 30 bis 60 cm hoch und hat spitz-ovale, leicht krause, grüne Blätter. Die weißen Blüten erscheinen von Juli bis August. Eine weitere empfehlenswerte Varietät der Krausen Minzen ist die Türkische Minze oder Nane-Minze *(Mentha spicata* var. *crispa* '*Nane*'*)*.

› Aus ihren frischen Blättern wird traditionell der in ganz Nordafrika beliebte Minztee zubereitet. Dafür 3–4 Stängel Minze pro Glas verwenden. Der Tee wird stark gesüßt und meist heiß getrunken. Aufgrund ihres würzigen mentholarmen Aromas ist diese Minze auch in der Küche hochgeschätzt (Verwendung wie Grüne Minze).

Mentha species 'Nemorosa'

MOJITO-MINZE

Mentha × piperita

PFEFFER-MINZE

Diese robuste Sorte, auch als Hemingway-Minze im Handel, ist das richtige Kraut für das Kubanische Nationalgetränk Mojito. Die ausdauernde, winterharte Pflanze wird bis zu 60 cm hoch, hat spitzzulaufende, grüne Blätter und blüht von Juli bis August blassviolett. Mit ihrem frischen, feinwürzigen Minzaroma und dem geringen Mentholgehalt eignet sie sich sehr gut für Süßspeisen und Fruchtsalate.

› Hier noch ein Mojito-Rezept: 1 Limette halbieren, zur Hälfte auspressen und vierteln. Limettensaft mit 1–2 TL braunem Zucker und einigen Minzeblättern in ein Glas geben, mit dem Stößel zerdrücken, Limettenviertel und 5 cl weißen Rum zufügen. Alles mit crushed ice und etwas Mineralwasser auffüllen und mit Strohhalm und 1 Stängel Mojito-Minze garnieren.

Die Englische Pfefferminze zählt zu den bekanntesten Minzen und ist im 17. Jahrhundert wohl zufällig aus einer Kreuzung der Wasserminze *(Mentha aquatica)* und der Grünen Minze *(Mentha spicata)* entstanden. Vegetativ vermehrt ist sie heute als Kulturpflanze weltweit in den gemäßigten Zonen der Erde anzutreffen. Die ausdauernde, mehrjährige, winterharte, krautige Pflanze wird bis zu 90 cm hoch, hat aufrechte, vierkantige, rötliche Stängel und glatte, eiförmig- oder länglich-spitze, kurz gestielte, grüne Blätter. Von Juli bis September erscheinen rosa bis hellviolette Blütenähren.

› Pfefferminze enthält viel mentholhaltiges, ätherisches Öl, hat ein ausgeprägtes Mentholaroma und schmeckt scharf und kühlend. Sie wird vor allem für Tee verwendet, aromatisiert aber auch Salate und Desserts.

Achillea decolorans (Syn. *A. ageratum*)

MUSKATKRAUT

ANDERE NAMEN › Muskatgarbe, Süße Schafgarbe, Gewürz-Schafgarbe.

VERBREITUNG › Die Pflanze ist in Südeuropa und im Mittelmeerraum wild anzutreffen.

AUSSEHEN UND MERKMALE › Die mehrjährige, aufrechte, krautige Pflanze aus der Familie der Korbblütler wird 30 bis 50 cm hoch und hat lanzettartige, stark gezähnte, zarte, grüne Blätter. Die kleinen cremeweißen Blütenköpfe erscheinen von Juli bis September in Doldenrispen.

AROMA UND GESCHMACK › Die Pflanze verströmt einen angenehmen aromatischen und süßlichen, an Muskat erinnernden Duft. Im Geschmack sind die Blätter würzig und leicht scharf.

WIRKUNG › Muskatkraut wirkt entzündungshemmend, appetitanregend und hilft bei Magenbeschwerden.

ANGEBOTSFORMEN › Samen und Jungpflanzen sind bei Kräutergärtnereien erhältlich.

IN DER KÜCHE › Junge frische, fein gehackte Blättchen als Würzkraut, frische und getrocknete Blätter und Blüten für Teezubereitungen.

MINIREZEPT ZUM KENNENLERNEN: MUSKATKRAUT-TORTILLA

4 Eier in einer ofenfesten Form mit Salz und Pfeffer verquirlen. 1–2 EL Olivenöl erhitzen, 2 gewürfelte Schalotten und 1 gehackte, geschälte Knoblauchzehe darin glasig dünsten, abkühlen lassen und zu den Eiern geben. 5 große gekochte, geschälte Kartoffeln würfeln und mit 2 EL gehackten Muskatkrautblättchen untermischen. Die Tortilla im vorgeheizten Backofen bei 200 °C etwa 10 Minuten backen, anschließend die Hitze auf 170 °C reduzieren und die Tortilla in etwa 30 Minuten fertig backen. Mit Muskatkraut bestreuen und warm oder kalt servieren.

BESONDERS GUT ZU › Muskatkraut aromatisiert Eier-, Gemüse- und Hähnchengerichte, Kartoffel- und Gemüsesalate sowie Saucen, Dips, Suppen, Eintöpfe und Reis. Die Blättchen bringen auch eine besondere Note in Kräuterbutter sowie Kräuterquarks und werden in der Regel nicht mitgegart.

VERTRÄGT SICH GUT MIT DIESEN KRÄUTERN › Petersilie, Schnittknoblauch und Schnittlauch.

TIPPS ANBAU & ERNTE › Das Kraut liebt feuchte, durchlässige, eher nährstoffreiche Böden an halbschattigen bis sonnigen Standorten. Die Aussaat erfolgt im zeitigen Frühjahr. Geerntet werden die jungen Blättchen ab dem Erscheinen den ganzen Sommer über nach Bedarf.

AUFBEWAHRUNG UND KONSERVIERUNG › Frische Stängel halten in einem Gefrierbeutel im Gemüsefach des Kühlschranks 2 bis 3 Tage. Das Kraut lässt sich aber auch gut trocknen und so für Kräutertees nutzen.

WISSENSWERTES › Muskatkraut ist als Würzkraut noch wenig bekannt. Es ist eng verwandt mit der hierzulande wild vorkommenden Gewöhnlichen Schafgarbe *(Achillea millefolium)*, die seit Alters her eine wichtige Arznei- und Heilpflanze ist und von den keltischen Druiden als Zauberpflanze genutzt wurde. Auch die Schafgarbe wird gelegentlich in der Kräuterküche (etwa für Wildkräutersalate, Kräuterbutter und Eierspeisen) sowie für Kräuterliköre, -weine und Tees genutzt.

Origanum vulgare

OREGANO

ANDERE NAMEN › Dost, Echter Dost, Gemeiner Dost, Wilder Majoran.

VERBREITUNG › Der aus dem östlichen Mittelmeerraum stammende, bedingt winterharte Oregano ist heute weltweit in Zonen mit warmem, gemäßigtem Klima verbreitet und kommt – botanisch nicht weiter unterschieden – auch bei uns wie fast in ganz Europa wild vor.

AUSSEHEN UND MERKMALE › Die mehrjährige, Ausläufer bildende, krautige Staude aus der Familie der Lippenblütler wird je nach Sorte 20 bis 70 cm hoch, gelegentlich auch etwas höher. Sie hat rötliche Stängel und kurz gestielte, eiförmig ovale, spitz zulaufende, grüne Blätter. Von Juli bis September erscheinen die kleinen rosa Blüten in Rispen.

AROMA UND GESCHMACK › Oregano hat ein intensives, herb-würziges Aroma. Die Blätter schmecken pfeffrig-scharf und sind oft auch leicht bitter.

WIRKUNG › Oregano regt den Stoffwechsel an, sein ätherisches Öl wirkt antibakteriell, hilft bei Verdauungsbeschwerden und bei Erkrankungen der oberen Atemwege.

ANGEBOTSFORMEN › Frisch gibt es Oregano als Bundware und Topfkraut, getrocknet im Gewürzregal des Lebensmittelhandels. Gärtnereien bieten Jungpflanzen und Saatgut an, in Kräutergärtnereien findet man verschiedene Arten und Sorten.

IN DER KÜCHE › Frische und getrocknete Blätter. Oregano wird in der Regel mitgegart, durch Hitzeeinwirkung verstärkt sich sein Aroma noch.

MINIREZEPT ZUM KENNENLERNEN: ZIEGENKÄSEPIZZA

400 g Pizzateig (Fertigprodukt/Kühltheke) auf einem mit Backpapier belegten Backblech auslegen. 200 g Ziegenfrischkäse mit 1–2 EL Olivenöl glatt rühren und dünn auf dem Teig verstreichen. 10 kleine Tomaten vierteln, von den Stielansätzen befreien und entkernen. 5–6 Stängel Oregano waschen und trocken tupfen, die Blätter abzupfen und fein schneiden. 6 schwarze Oliven entsteinen und in Ringe schneiden. Die Tomaten mit der Schnittfläche nach oben auf dem Ziegenkäse verteilen und leicht salzen. Die Pizza mit Oregano und Oliven bestreuen, mit grob gemahlenem Pfeffer würzen, mit Olivenöl beträufeln und im vorgeheizten Ofen bei 230 °C in etwa 15 Minuten knusprig backen.

BESONDERS GUT ZU › Mediterranen Gerichten, Pastasaucen, Pizza, gegrilltem Fisch und Fleisch, Gemüse (Kartoffeln, Tomaten, Zucchini), Ziegenkäse sowie zu Eierspeisen, Aufläufen, Suppen (Kartoffelsuppe) und Eintöpfen.

VERTRÄGT SICH GUT MIT DIESEN KRÄUTERN › Basilikum, Lavendel, Petersilie, Rosmarin und Thymian.

TIPPS ANBAU & ERNTE › Die Pflanze liebt trockene, kalkhaltige Böden an warmen Standorten und benötigt einen Winterschutz. Frische Blätter können ganzjährig geerntet werden. Zum Trocknen schneidet man am besten die ganzen Stängel kurz vor oder während der Blüte ab.

AUFBEWAHRUNG UND KONSERVIERUNG › Frische Stängel halten im Wasserglas oder Kühlschrank 2 bis 3 Tage. Oregano lässt sich gut trocknen, dabei wird sein Aroma noch intensiver.

WISSENSWERTES › Im Mittelmeerraum wurde Oregano schon in der Antike als Heil- und Gewürzpflanze sehr geschätzt.

Origanum vulgare

GEWÖHNLI-CHER DOST

Origanum vulgare subsp. *hirtum*

GRIECH. OREGANO

Die heimische Wildform des Oregano, meist Dost oder Gewöhnlicher Dost genannt, ist eine mehrjährige, winterharte Staude und wird etwa 50 cm hoch, gelegentlich auch höher. Dost hat vierkantige, rötliche, behaarte Stängel und eiförmig-spitze, grüne Blätter. Die rosa Blüten erscheinen in Rispen von Juli bis September. Dost liebt lehmige Böden an sonnigen Standorten und ist oft an Böschungen und Waldrändern anzutreffen.

> Aroma und Geschmack sind milder als bei mediterranen Oregano-Unterarten, erinnern eher an Majoran, mit einem Anklang milder Minze. Sehr aromatisch sind blühende Triebspitzen. Frische Blätter können für Salate, Dips, Kräuterkäse und Saucen verwendet werden, getrocknet würzen sie wie Oregano Fleisch, Gemüse und Pizza.

Diese außergewöhnlich intensive Oregano-Unterart, die ebenso als Griechischer oder Italienischer Dost bezeichnet wird, taucht auch als *Origanum heracleoticum* in Pflanzenverzeichnissen und Kräutergärtnereien auf. Der winterharte Griechische Oregano kann 40 bis 60 cm hoch werden, meist bleibt es jedoch bei 25 cm. Er hat rötliche Stiele und kleine rundliche, filzig behaarte, silbriggraue bis dunkelgrüne Blätter. Von Juli bis September erscheinen kleine weiße Blüten. Diese Oregano-Art liebt durchlässige, kalkhaltige Böden und viel Sonne und eignet sich gut zum Trocknen.

> Mit seinem angenehmen, intensiven, herbwürzigen Aroma ist Griechischer Oregano das Pizzagewürz schlechthin.

Origanum dictamnus

KRETA-DOST

Ein dekorativer Verwandter ist der Kreta-Dost, auch Diptam-Dost oder Kreta-Majoran genannt. Das auf Kreta beheimatete, ausdauernde, bei uns nicht winterharte Kraut wird 20 bis 30 cm hoch und hat kleine, eiförmigrunde, grüne oder silbriggraue, stark filzig behaarte Blätter. Von Juni bis September erscheinen hängende, rosa bis purpurfarbene Blüten. Geerntet werden Blätter und Triebspitzen, zum Trocknen am besten kurz vor der Blüte. Kreta-Dost liebt durchlässige, trockene, sandige oder kalkhaltige Böden an warmen Standorten, eignet sich für Topfkultur und muss im Haus überwintert werden.

› Kreta-Dost ist kräftig-aromatisch, im Geschmack jedoch milder als mediterraner Oregano. Seine Verwendung ist ähnlich wie bei diesem. Er galt in der Antike als Universal-Heilkraut und wird auch heute noch für Kräutertees genutzt.

Lippia graveolens

MEXIKAN. OREGANO

Neben den eigentlichen Oregano-Arten gibt es eine Reihe anderer Pflanzen, die botanisch nicht verwandt sind, aber dennoch ein ähnliches Aroma aufweisen, dazu gehört der Mexikanische Oregano. Der nicht winterharte Strauch aus der Familie der Eisenkrautgewächse wird bei uns bis zu 80 cm hoch, in seiner mittelamerikanischen Heimat 1 bis 2 m. Er hat länglich schmale oder eiförmige, grüne Blätter und weiße Blüten. Als Mexikanischer Oregano findet sich ein weiterer Lippenblütler *(Poliomintha longiflora)* in Kräutergärtnereien. Dieser hat ebenfalls ein gutes Aroma und blüht weiß-rosa.

› Blüten und Blätter des Mexikanischen Oregano duften aromatisch, haben ein intensives Oregano-Aroma und dienen zum Würzen von Fisch, Chilis und Pizza.

Perilla frutescens

PERILLA (SHISO)

ANDERE NAMEN › Sesamblatt, Schwarznessel.

VERBREITUNG › Perilla ist in Ost-, Südostasien und Südasien verbreitet und wird dort in zahlreichen Sorten kultiviert.

AUSSEHEN UND MERKMALE › Die einjährige, krautige Pflanze aus der Familie der Lippenblütler kann in ihrer Heimat bis zu 1,5 m hoch werden, hierzulande bleibt es meist bei 50 bis 60 cm. Perilla hat vierkantige Stängel mit breit-ovalen, spitz zulaufenden, behaarten und je nach Sorte leicht oder stark gezähnten und gekräuselten, grünen, grünlich roten oder roten Blättern. Von September bis in den Herbst erscheinen die kleinen weißen oder rötlichen Blüten.

AROMA UND GESCHMACK › Je nach Sorte erinnert das komplexe Aroma von Perilla (Shiso) an Zitrone, Minze, Anis, Basilikum oder Zimt, oft dominiert dabei eine Kreuzkümmelnote. Die Blätter schmecken leicht scharf.

WIRKUNG › Perilla wirkt krampf- und schleimlösend und hilft bei Erkältungen, Husten sowie bakteriellen Infekten.

ANGEBOTSFORMEN › Gelegentlich gibt es das frische Kraut im Asienladen. In Kräutergärtnereien ist Perilla (Shiso) in verschiedenen Sorten als Jungpflanze und/oder Saatgut erhältlich. Aus Holland kommen grüne und rote Shiso-Sprossen, die als Kressen verkauft werden.

IN DER KÜCHE › Frische rohe und eingelegte Blätter sowie Sprossen. Rote Perilla-Sorten dienen in Japan zum Färben von eingelegtem Obst und Gemüse.

> **MINIREZEPT ZUM KENNENLERNEN: THUNFISCH MIT PERILLA**
> 12–16 Perillablätter waschen, trocken tupfen und je 3 auf einen Teller legen. In einer beschichteten Pfanne 1 EL Sojaöl erhitzen und 300 g top-frisches Thunfischfilet (Sushi-Qualität) darin rundum kurz anbraten (insgesamt knapp 2 Minuten). Den Fisch herausnehmen, in dünne Scheiben schneiden und auf den Kräutern anrichten. Die übrigen Perillablätter fein schneiden, mit 1 EL Reiswein, 2 EL dunkler Sojasauce und 1 TL Limettensaft verrühren und den Fisch damit beträufeln.

BESONDERS GUT ZU › Salaten, Suppen, Marinaden, Fisch und Meeresfrüchten (Sashimi, Sushi), Geflügel (Hähnchen), Fleisch (Rind), Reis, Nudeln und Eierspeisen. Die Blätter schmecken auch ausgebacken (Tempura), als Gemüse und Pesto.

VERTRÄGT SICH GUT MIT DIESEN KRÄUTERN › Basilikum, Chinesischer Gewürzstrauch, Koriander, Mitsuba, Petersilie, Thai-Basilikum, Wasabi, Zitronengras.

TIPPS ANBAU & ERNTE › Perilla bevorzugt durchlässige, nährstoffreiche Böden an sonnigen bis halbschattigen Standorten und benötigt reichlich Wasser. Die Aussaat erfolgt ab März in Anzuchtschalen, ab Mitte Mai direkt ins Freiland. Triebspitzen können die ganze Saison über geerntet werden.

AUFBEWAHRUNG UND KONSERVIERUNG › Frische Blätter halten sich in einem Gefrierbeutel im Kühlschrank 2 bis 3 Tage. Perilla lässt sich trocknen, verliert dabei aber viel Aroma.

WISSENSWERTES › Die Pflanze wird in Asien (China, Japan, Korea, Myanmar, Vietnam) seit vielen Jahrhunderten als Würz- und Heilkraut geschätzt.

Petroselinum crispum

PETERSILIE

ANDERE NAMEN › Bittersilche, Felswurzel, Gartenteppich, Petersil.

VERBREITUNG › Petersilie ist auf der ganzen Nordhalbkugel sowie in Ostafrika, Argentinien und Brasilien verbreitet.

AUSSEHEN UND MERKMALE › Die winterharten, zweijährigen Pflanzen aus der Familie der Doldenblütler haben eine rübenförmige Wurzel, aus der im ersten Jahr eine Blattrosette austreibt. Im zweiten Jahr bilden sich dann bis zu 1 m hohe, fein gerillte, ab der Mitte verzweigte Stängel mit grünlich-gelben, von Juni bis Juli erscheinenden Blütendolden. Je nach Unterart sind die zwei- bis dreifach gefiederten, unregelmäßig gezähnten, grünen Blätter glatt oder kraus.

AROMA UND GESCHMACK › Petersilie hat ein würzig-frisches Aroma, krause Sorten schmecken milder, glatte kräftiger.

WIRKUNG › Petersilie wirkt belebend, entwässernd, regt die Verdauung an und kann die Geburt fördern. Während der Schwangerschaft sollte sie nur in kleinen Mengen verzehrt werden.

ANGEBOTSFORMEN › Krause, Glatte und Wurzel-Petersilie sind im Lebensmittelhandel als Bund- oder Topfware und als Gemüse an der Gemüsetheke, getrocknet im Gewürzregal und tiefgekühlt erhältlich. Gartencenter und Kräutergärtnereien bieten Saatgut und Topfware in verschiedenen Sorten an.

IN DER KÜCHE › Frische, rohe oder kurz gegarte Blätter, Wurzeln gegart als Gemüse.

MINIREZEPT ZUM KENNENLERNEN: GREMOLATA

Für die Würzmischung 1/2 Bund Petersilie waschen und trocken schütteln, die Blätter abzupfen, fein hacken und in eine Schüssel geben. 1 Knoblauchzehe schälen und fein hacken. 1 Bio-Zitrone heiß waschen, abtrocknen, die Schale dünn abreiben und mit dem Knoblauch zur Petersilie geben. Alles gut vermischen und mit Salz und Pfeffer würzen. Die Gremolata etwa 10 Minuten vor Ende der Garzeit über geschmortes Fleisch oder Fisch verteilen und mitgaren. Klassisch würzt sie geschmorte Kalbshaxenscheiben (Ossobuco), Gremolata schmeckt aber auch zu im Ofen gegartem Fisch sowie zu Ofenkartoffeln.

BESONDERS GUT ZU › Salaten, Kräuterbutter, Dips, Marinaden, Saucen, Suppen, Gemüse (Möhren, Kartoffeln, Zwiebeln), Eierspeisen, Fisch- und Fleischgerichten. Petersilie ist ein echtes Allroundkraut.

VERTRÄGT SICH GUT MIT DIESEN KRÄUTERN › Basilikum, Estragon, Goldmelisse, Kerbel, Majoran, Minze, Oregano, Rosmarin, Schnittlauch, Schnittsellerie, Zatar, Zitronenmelisse.

TIPPS ANBAU & ERNTE › Petersilie bevorzugt nährstoffreiche, humose Böden an sonnigen oder halbschattigen Standorten. Die Aussaat ins Freiland ist ab März möglich. Die Ernte der Blätter erfolgt fortlaufend, die der Wurzeln im Spätherbst.

AUFBEWAHRUNG UND KONSERVIERUNG › Petersilie hält in einem Gefrierbeutel im Gemüsefach des Kühlschranks 2 bis 3 Tage, zum Trocknen ist sie nicht geeignet, Einfrieren ist möglich.

WISSENSWERTES › Bei der schon seit der Antike bekannten, einst vorwiegend als Heilkraut geschätzten Petersilie unterscheidet man 3 Unterarten: Einmal die Krause Petersilie *(Petroselinum crispum* var. *crispum,* siehe Bild), die Glatte Petersilie *(Petroselinum crispum* var. *neapolitanum)* und die Wurzel- oder Knollenpetersilie *(Petroselinum crispum* var. *tuberosum).*

Piper auritum
PFEFFERBLATT

ANDERE NAMEN › Hoja Santa, Makulan, Mexikanischer Blattpfeffer.

VERBREITUNG › Das Pfeffergewächs stammt aus Mexiko und ist in Mittelamerika verbreitet.

AUSSEHEN UND MERKMALE › Der mehrjährige, nicht winterharte Strauch aus der Familie der Pfeffergewächse kann 3 m und höher werden. Die Pflanze hat bis zu 30 cm große, herzförmige, auf der Unterseite behaarte Blätter und lange, schmale, weißliche Blütenstände.

AROMA UND GESCHMACK › Das Aroma der Blätter ist angenehm würzig und erinnert an Anis, Muskat und Pfeffer. Die Blätter schmecken arttypisch und scharf, die Stängel sind noch intensiver.

WIRKUNG › In Mexiko werden die Blätter als Mittel zur Fiebersenkung, gegen Durchfall und zur Wundbehandlung eingesetzt.

ANGEBOTSFORMEN › Kräutergärtnereien bieten Jungpflanzen an, getrocknete oder frische Blätter sind gelegentlich in Spezialgeschäften oder über das Internet erhältlich.

IN DER KÜCHE › Frische und getrocknete, ganze oder zerkleinerte Blätter und frische Stängel.

MINIREZEPT ZUM KENNENLERNEN: FISCH VOM GRILL
4 küchenfertige Fischfilets (z. B. Red Snapper, mit Haut, je 200 g) halbieren. 4 EL Olivenöl mit 2 EL Limettensaft in eine Form geben. Zesten von 1/2 Limette, 1 geschälte, in Scheiben geschnittene Knoblauchzehe, 1 rote, in Ringe geschnittene Chilischote (ohne Kerne) hinzufügen. Die Fischstücke einlegen und 1 Stunde kühl marinieren. 8 große Pfefferblätter ausbreiten, die Fischstücke salzen, in die Blätter einschlagen und auf dem vorgeheizten Grill 5–6 Minuten indirekt grillen.

BESONDERS GUT ZU › Salaten, Saucen und Suppen sowie zu Fisch, Meeresfrüchten und Geflügel, die in die großen Blätter eingeschlagen und als Päckchen gegart werden. Die Blätter gehören auch in die mexikanische Sauce »mole verde«.

VERTRÄGT SICH GUT MIT DIESEN KRÄUTERN › Beifuß, Bohnenkraut, Majoran, Oregano, Petersilie, Thymian.

TIPPS ANBAU & ERNTE › Die Pflanze bevorzugt nährstoffreiche, humose Böden an sonnigen oder halbschattigen Standorten und eignet sich zur Kübelhaltung, wobei sie jedoch etwas kleiner bleibt. Zum Überwintern kommt sie ins Haus oder in den Wintergarten. In diesem Fall können die großen Blätter und Stiele das ganze Jahr über geerntet werden.

AUFBEWAHRUNG UND KONSERVIERUNG › Frische Pfefferblätter halten sich in einem Gefrierbeutel 3 bis 4 Tage im Gemüsefach des Kühlschranks. Sie können auch, lagenweise zwischen Frischhaltefolie gelegt, gut eingefroren werden. Pfefferblätter lassen sich auch trocknen.

WISSENSWERTES › Die ätherischen Öle des Pfefferblatts enthalten wie die des Schwarzen Pfeffers oder jene von Muskat, Sternanis und Fenchel die Aromakomponente Safrol, allerdings in höherer Konzentration. Pfefferblätter daher immer nur in geringen Mengen verwenden, denn Safrol ist zwar für den angenehmen Geruch verantwortlich, hat aber auch eine leberschädigende Wirkung.

Rungia klossii

PILZKRAUT

VERBREITUNG › Pilzkraut stammt aus Papua-Neuguinea.

AUSSEHEN UND MERKMALE › Die mehrjährige Pflanze aus der Familie der Akanthusgewächse wird etwa 50 cm hoch und hat breit-ovale, fleischige, glänzend dunkelgrüne Blätter. Im Winter erscheinen gelegentlich kleine blauviolette Blüten.

AROMA UND GESCHMACK › Die Blätter haben ein delikates Pilzaroma und schmecken nach Champignons. Kurzes Mitgaren verstärkt das Aroma, bei langem Mitgaren verliert es sich aber.

WIRKUNG › Das Kraut wirkt blutreinigend, blutbildend und enthält viele wertvolle Mineralstoffe.

ANGEBOTSFORMEN › Jungpflanzen gibt es bei Kräutergärtnereien.

IN DER KÜCHE › Frische und kurz gegarte Blätter.

BESONDERS GUT ZU › Salaten, Saucen, Suppen, Nudeln und Wokgerichten. Die Blätter schmecken auch roh als Garnitur auf belegten Broten und kurz gedünstet als Gemüse.

TIPPS ANBAU & ERNTE › Pilzkraut liebt feuchte, humose Böden im Halbschatten oder in der Sonne. Die Ernte erfolgt ganzjährig.

AUFBEWAHRUNG UND KONSERVIERUNG › Frische Blätter lassen sich im Kühlschrank 2 bis 3 Tage aufbewahren.

WISSENSWERTES › In seiner Heimat ist das bei uns noch wenig bekannte Pilzkraut eine wichtige Proteinquelle.

Sanguisorba minor

PIMPINELLE

ANDERE NAMEN › Kleiner Wiesenknopf.

VERBREITUNG › Die heimische Pimpinelle ist in Süd- und Mitteleuropa bis Südwestasien und Nordafrika verbreitet.

AUSSEHEN UND MERKMALE › Die mehrjährige, aufrechte, krautige Pflanze aus der Familie der Rosengewächse ist winterhart, wird bis zu 50 cm hoch, hat gefiederte Blätter mit etwa 1 cm großen, gezähnten Einzelblättchen. Im Mai und Juni erscheinen rötlich grüne Blütenköpfchen auf langen Stielen.

AROMA UND GESCHMACK › Die Blätter sind neutral bis mild im Aroma und schmecken nussig, leicht säuerlich und gurkenartig.

ANGEBOTSFORMEN › Das Kraut kann wild gesammelt werden, Saatgut und Jungpflanzen gibt es bei Kräutergärtnereien.

IN DER KÜCHE › Frische, junge Blätter.

BESONDERS GUT ZU › Kräuterbutter und -quark, Dips, Marinaden, Salaten, Saucen, Suppen, Fisch, Kartoffel- und Eiergerichten.

VERTRÄGT SICH GUT MIT › Borretsch, Dill, Estragon, Kerbel und Kresse.

TIPPS ANBAU & ERNTE › Pimpinelle bevorzugt durchlässige, kalkhaltige Böden in der Sonne oder im Halbschatten und wird vorwiegend im Frühjahr und Sommer geerntet.

AUFBEWAHRUNG UND KONSERVIERUNG › Pimpinelle ist frisch am besten, im Kühlschrank hält das Kraut 1 bis 2 Tage.

WISSENSWERTES › Pimpinelle gehört in die Frankfurter Grüne Sauce.

Portulaca oleracea

PORTULAK

ANDERE NAMEN › Burzelkraut, Gemüse-Portulak, Gewürz-Portulak, Salatkraut, Sommer-Portulak.

VERBREITUNG › Portulak ist weltweit in den warmen, gemäßigten Zonen der Erde anzutreffen.

AUSSEHEN UND MERKMALE › Die krautige, sukkulente, je nach Sorte ein- oder mehrjährige, aufrechte oder kriechende Pflanze aus der Familie der Portulakgewächse wird 10 bis 40 cm hoch. Sie hat verzweigte, rötliche, verdickte Stängel und verkehrt eiförmige, glattrandige, fleischige, grüne Blätter. Von Juni bis September erscheinen kleine gelbe Blüten.

AROMA UND GESCHMACK › Portulak duftet kaum, die Blätter und Stängel sind saftig und schmecken frisch säuerlich und leicht salzig.

WIRKUNG › Portulak regt Stoffwechsel und Verdauung an, wirkt blutreinigend, fiebersenkend und entwässernd.

ANGEBOTSFORMEN › Bei Kräutergärtnereien ist das Kraut in verschiedenen Sorten als Saatgut erhältlich.

IN DER KÜCHE › Frische Blätter, Stängel und Knospen. Letztere können auch wie Kapern oder Kapuzinerkresseknospen in Essig eingelegt werden (S. 69).

MINIREZEPT ZUM KENNENLERNEN: PORTULAK-JOGHURT-DIP
300 g türkischen oder griechischen Joghurt (10 % Fett) mit Salz, Pfeffer und 1–2 EL Olivenöl in einer Schüssel glatt rühren. 2 Knoblauchzehen schälen und durch die Presse dazudrücken. 1 Bund Portulak waschen und trocken tupfen, die Blättchen abzupfen und mit den Stängeln fein schneiden. Den Portulak unterrühren und den Dip als Vorspeise mit knusprigem Weißbrot oder zu gegrilltem Fleisch reichen.

BESONDERS GUT ZU › Salaten, Kräuterquark, Dips, Dressings, Saucen, Suppen, Eierspeisen und Gemüse (Gurke, Kartoffeln, Tomaten). Portulakblätter schmecken auch kurz wie Spinat gedünstet (wobei sie leicht andicken) als Gemüse.

VERTRÄGT SICH GUT MIT DIESEN KRÄUTERN › Brunnenkresse, Giersch, Kerbel, Kresse, Löffelkraut, Pimpinelle.

TIPPS ANBAU & ERNTE › Portulak besiedelt durchlässige, nährstoffreiche, lockere sandige oder lehmige, feuchte Böden an warmen, halbschattigen, in kühleren Lagen auch an sonnigen Standorten. Die Aussaat erfolgt ab Mai direkt ins Freiland. Ernten kann man die Triebe während der ganzen Saison, am besten jedoch vor der Blüte.

AUFBEWAHRUNG UND KONSERVIERUNG › Das Kraut lässt sich in einem Gefrierbeutel im Gemüsefach des Kühlschranks 1 bis 2 Tage aufbewahren. Zum Konservieren ist es ungeeignet.

WISSENSWERTES › Portulak wurde schon vor Jahrtausenden als Wildkraut genutzt, ist heute aber weitgehend in Vergessenheit geraten. Zu Unrecht, denn er enthält viel Vitamin C, Omega-3-Fettsäuren und Mineralstoffe. Daher lohnt seine Wiederentdeckung als Salatkraut. Bei dem gelegentlich auf Märkten oder an der Gemüsetheke des Lebensmittelhandels anzutreffenden Kraut gleichen Namens handelt es sich meist um das Gewöhnliche Tellerkraut, das auch als Postelein oder Winter-Portulak *(Claytonia perfoliata)* bezeichnet wird.

Diplotaxis tenuifolia (Syn. Rucola selvatica)

RAUKE (RUCOLA)

ANDERE NAMEN › Wilde Rauke, Schmalblättriger Doppelsame.

VERBREITUNG › Die aus dem Mittelmeerraum stammende Wilde Rauke ist in Mittel- und Südeuropa verbreitet.

AUSSEHEN UND MERKMALE › Die mehrjährige, winterharte, krautige Pflanze aus der Familie der Kreuzblütler kann bis zu 70 cm hoch werden und hat länglich schmale, tief einge- schnittene, fein gefiederte, grüne Blätter. Von Mai bis September erscheinen kleine gelbe Blüten an aufrechten Stängeln.

AROMA UND GESCHMACK › Junge Blätter der Wilden Rauke sind wür- zig-aromatisch und schmecken nussig-scharf, ältere sind noch etwas schärfer und leicht bitter.

WIRKUNG › Rauke fördert die Verdauung, regt den Stoffwechsel an und gilt als durchblutungsfördernd.

ANGEBOTSFORMEN › Der überwiegende Teil des als Rucola an den Gemüsetheken im Lebensmittelhandel angebotenen Blattsalats stammt von dieser Pflanze (Wilde Rauke). Saatgut ist bei Gartencentern und in verschiedenen Sorten auch bei Kräutergärtnereien erhältlich. Letztere bieten gelegentlich auch Jungpflanzen an.

IN DER KÜCHE › Frische, junge Blätter.

MINIREZEPT ZUM KENNENLERNEN: BRESAOLA-RUCOLA-SALAT

160 g Bresaolascheiben auf Tellern auslegen. 2 Handvoll Rucola waschen, trocken tupfen und über dem Fleisch verteilen. 4 kleine, junge Steinpilze putzen, trocken abreiben, in dünne Scheiben schneiden und auf dem Rucola anrichten. 2 EL Zitronensaft, Salz, Pfeffer und 4 EL Olivenöl verrühren und den Rucola damit beträufeln. Zum Schluss noch 30 g Parmesan darüberhobeln und alles mit grobem Pfeffer bestreuen. Den Bresaola-Rucola-Salat mit Ciabatta servieren.

BESONDERS GUT ZU › Pesto, Dips, Salaten, Gemüse (Kartoffeln, Tomaten, weißen Bohnen), Pilzen, luftgetrocknetem Schinken, Pasta, Risotto, Fleisch (Rind) und Pizza.

VERTRÄGT SICH GUT MIT DIESEN KRÄUTERN › Basilikum, Giersch, Kresse, Minze, Petersilie.

TIPPS ANBAU & ERNTE › Wilde Rauke ist wenig anspruchsvoll, bevorzugt jedoch sandig-lehmige, feuchte Böden ohne Staunässe an sonnigen Plätzen. Eine kontinuierliche Ernte und ein Rückschnitt vor der Blüte fördern das ständige Nachwachsen junger, zarter, nicht zu scharfer Blätter.

AUFBEWAHRUNG UND KONSERVIERUNG › Rucola hält in Folie verpackt 3 bis 4 Tage im Gemüsefach des Kühlschranks. Zum Trocknen oder Einfrieren ist das Kraut nicht geeignet.

WISSENSWERTES › Die verwandte ein- oder zweijährige Garten-Senfrauke *(Eruca sativa)* taucht gelegentlich im Handel auch unter dem Name Rucola auf. Sie wird auch als Salatrauke, Senfrauke, Ölrauke oder Großblättriger Rucola bezeichnet und bildet anfangs eine bis zu 25 cm hohe Blattrosette. Diese Art hat breitere, buchtig gefiederte, ganzrandige oder gezähnte Blätter, weiße Blüten, ist deutlich milder und kann bei Kräutergärtnereien als Saatgut bestellt werden.

Limnophila aromatica

RAU OM

ANDERE NAMEN › Reisfeldpflanze, Rau ngô, Ngô om, Ngô ba lá.

VERBREITUNG › Das tropische Kraut kommt in Südostasien in mehreren Arten vor und ist oft in stehenden Gewässern, insbesondere in gefluteten Reisfeldern, anzutreffen.

AUSSEHEN UND MERKMALE › Die feuchtigkeit- und wärmeliebende, ausdauernde, nicht winterharte Pflanze aus der Familie der Braunwurzgewächse (sie wird teilweise auch zu den Wegerichgewächsen gezählt) erreicht eine Höhe von etwa 20 cm. Rau om hat runde, behaarte, kriechende Stängel und kleine, behaarte, länglich spitz-ovale, gezähnte, grüne Blätter, wobei je 3 Blätter aus einem Knoten wachsen. Die kleinen, am oberen Stängelende in den Blattachseln erscheinenden Blüten sind lila.

AROMA UND GESCHMACK › Rau om hat ein eigenes, arttypisches, leicht süßliches, an Kreuzkümmel erinnerndes Aroma und schmeckt leicht scharf und klar nach Kreuzkümmel.

WIRKUNG › Rau om wird in seiner Heimat zum Desinfizieren von Wunden sowie als Mittel gegen Fieber, Erkältungen und Nierensteine verwendet.

ANGEBOTSFORMEN › Gelegentlich erhält man das frische Kraut mit anderen asiatischen Kräutern in Folie eingeschweißt in thailändischen oder vietnamesischen Läden. Bei Kräutergärtnereien ist Rau om als Jungpflanze erhältlich.

IN DER KÜCHE › Frische Blätter und Triebspitzen.

MINIREZEPT ZUM KENNENLERNEN: GEGRILLTES RINDERFILET
In einer Form 60 ml dunkle Sojasauce mit Salz, Pfeffer, 1 geschälten, gehackten Knoblauchzehe, 1/2 TL Chiliwürfel, 1 gehackten Frühlingszwiebel und 1 EL Limettensaft mischen. 400 g Rinderfilet in dünne, längliche Scheiben schneiden, in die Form geben und etwa 3 Stunden kühl marinieren. Inzwischen 8 Stängel Rau om (nach Belieben weitere asiatische Kräuter wie Thai-Basilikum, Koriander oder Perilla) waschen, trocken schütteln und in Stücke schneiden. Das Rindfleisch auf dem vorgeheizten Holzkohlengrill auf jeder Seite 1/2 Minute grillen, mit den Kräutern bestreuen und mit Wokgemüse und Basmatireis servieren.

BESONDERS GUT ZU › Gemüse, Suppen, Fisch und Meeresfrüchten, Fleisch (Rind), Currys, Reisgerichten und Süßspeisen.

VERTRÄGT SICH GUT MIT DIESEN KRÄUTERN › Koriander, Perilla, Thai-Basilikum, Zitronengras.

TIPPS ANBAU & ERNTE › Rau om liebt lockere Böden (Vulkangranulat mit etwas Erde) an sonnigen bis halbschattigen Standorten und eignet sich gut als Topfpflanze. Im Sommer sollte der Topf in einer Schale mit Wasser stehen, im Winter benötigt das Kraut Feuchtigkeit (keine Nässe) und Licht. Frische Blätter und Triebspitzen lassen sich ganzjährig ernten.

AUFBEWAHRUNG UND KONSERVIERUNG › In einem Gefrierbeutel halten sich frische Stängel 2 bis 3 Tage. Zum Trocknen ist Rau om ungeeignet.

WISSENSWERTES › Das bei uns noch wenig bekannte asiatische Würzkraut ist vor allem in Vietnam beliebt. Es gehört, zusammen mit anderen Kräutern und Blattsalaten, zum obligatorischen vietnamesischen Kräuterteller. Dafür werden junge, frische Triebspitzen und Blätter locker aufgeschichtet und vor dem Verzehr in Suppen oder Saucen getaucht.

Rosmarinus officinalis

ROSMARIN

ANDERE NAMEN › Balsamkraut, Marienkraut, Weihrauchkraut.

VERBREITUNG › Rosmarin kommt im Mittelmeerraum wild vor und wird in Mitteleuropa als Würzkraut kultiviert.

AUSSEHEN UND MERKMALE › Der mehrjährige, aufrechte, je nach Sorte nicht oder bedingt winterharte Halbstrauch aus der Familie der Lippenblütler kann in seiner Heimat bis zu 2 m hoch werden. In Kultur bleibt er mit 50 bis 60 cm Höhe jedoch meist kleiner. Rosmarin hat verholzende Zweige und ledrige, nadelförmige, auf der Unterseite filzig behaarte, dunkelgrüne Blätter. Von März bis Juni erscheinen je nach Sorte kleine blassviolette oder weiße Blüten.

AROMA UND GESCHMACK › Rosmarin duftet intensiv, ist würzig-aromatisch und schmeckt frisch leicht bitter und kampfer-artig, getrocknet eher harzig.

WIRKUNG › Rosmarin regt Verdauung und Kreislauf an, fördert die Durchblutung, wirkt antibakteriell und schmerzlindernd.

ANGEBOTSFORMEN › Rosmarin ist als Bundware und Topfkraut im Lebensmittelhandel erhältlich, Topfkräuter gibt es auch bei Gartencentern. Kräutergärtnereien bieten Saatgut, vor allem aber Jungpflanzen, in verschiedenen, mehr oder weniger winterharten Sorten an.

IN DER KÜCHE › Frische Nadeln und Zweige, seltener getrocknete Zweige. Rosmarin wird in der Regel mitgegart.

MINIREZEPT ZUM KENNENLERNEN: ROSMARINKANINCHEN

4 Kaninchenkeulen trocken tupfen, salzen und pfeffern. Die Keulen jeweils mit 2–3 Rosmarinzweigen belegen, mit 2 länglichen Scheiben Pancetta oder durchwachsenem mildem Räucherspeck umwickeln und mit Küchengarn fixieren. In einer ofenfesten Pfanne 4 EL Olivenöl erhitzen und die Kaninchenkeulen darin rundum anbraten. Anschließend 2 geschälte, halbierte Knoblauchzehen hinzufügen und die Keulen jeweils mit 2–3 Butterflöckchen belegen. Im vorgeheizten Backofen bei 200 °C 20–25 Minuten braten.

BESONDERS GUT ZU › Fleisch (Lamm, Rind, Schwein), Geflügel (Hähnchen), Kaninchen, Wild, Fisch und Gemüse (Kartoffeln, Tomaten, Auberginen) sowie Brot (Focaccia). Gelegentlich würzt Rosmarin auch Süßspeisen und Desserts (Eis).

VERTRÄGT SICH GUT MIT DIESEN KRÄUTERN › Bohnenkraut, Lavendel, Lorbeer, Minze, Oregano, Petersilie, Salbei, Thymian.

TIPPS ANBAU & ERNTE › Rosmarin liebt warme, durchlässig trockene, kalkhaltige Böden an sonnigen Standorten und wird am besten über Stecklinge vermehrt. Die Ernte ist ganzjährig möglich, wobei immer ganze Zweige oder Triebspitzen abgeschnitten werden sollten.

AUFBEWAHRUNG UND KONSERVIERUNG › Rosmarinzweige halten sich im Wasserglas oder Gefrierbeutel im Kühlschrank 3 bis 4 Tage. Das Kraut wird am besten frisch verwendet, kann aber auch getrocknet werden. Dafür am besten ganze Zweige abschneiden und trocknen.

WISSENSWERTES › Rosmarin, das Symbol der Liebe, zählt zu den alten, schon von Karl dem Großem empfohlenen Heilpflanzen. Als Gewürzpflanze spielt er in den mediterranen Küchen eine wichtige Rolle; insbsondere in Italien und in der Provence schätzt man sein intensives Aroma.

Salvia officinalis

SALBEI

ANDERE NAMEN › Echter Salbei, Gartensalbei, Gewürzsalbei, Küchensalbei.

VERBREITUNG › Die Gattung Salbei umfasst über 900 Arten und ist weltweit verbreitet. Der im Mittelmeerraum beheimatete Echte Salbei ist heute in ganz Europa anzutreffen.

AUSSEHEN UND MERKMALE › Der ausdauernde, bedingt winterharte und im unteren Teil verholzende Halbstrauch aus der Familie der Lippenblütler wird 40 bis 80 cm hoch und hat aufrechte, schwach vierkantig bis rundliche, meist stark verzweigte Stängel. Die graugrünen, länglichen, spitz-ovalen Blätter sind jung weißfilzig behaart, ältere Blätter verkahlen. Von Mai bis Juli erscheinen kleine hellviolette, seltener rosa oder weiße Blüten.

AROMA UND GESCHMACK › Salbei riecht aromatisch und schmeckt würzig, teils leicht kampferartig bitter und adstringierend.

WIRKUNG › Das Kraut wirkt antibakteriell und schleimlösend. Auszüge helfen bei Entzündungen im Hals- und Rachenbereich sowie bei Zahnfleischentzündungen. Sie lindern außerdem Magen- und Darmkrämpfe.

ANGEBOTSFORMEN › Salbei ist als Bundware und Topfkraut im Handel erhältlich. Jungpflanzen der verschiedenen Sorten gibt es bei Kräutergärtnereien.

IN DER KÜCHE › Frische und getrocknete Blätter, zum Mitgaren und Ausbacken geeignet. Beim Garen verliert sich der bittere Geschmack.

MINIREZEPT ZUM KENNENLERNEN: SALBEIBOHNEN
400 g getrocknete weiße Bohnenkerne über Nacht einweichen. Die Bohnen abgießen und mit 2 geschälten, halbierten Knoblauchzehen, 4 EL Olivenöl und 6–10 Salbeiblättern in einen Topf geben. Alles mit Wasser bedecken, leicht salzen und pfeffern. Die Bohnen in 2–3 Stunden bei schwacher Hitze weich garen.

BESONDERS GUT ZU › Gemüse (Bohnen), Fisch (Aal), Fleisch (Kalb, Lamm, Schwein), Leber, Geflügel und Federwild sowie zu Eierspeisen. Salbeibutter (in Butter gebratene und leicht gebräunte Salbeiblätter) schmeckt hervorragend zu Pasta.

VERTRÄGT SICH GUT MIT DIESEN KRÄUTERN › Bohnenkraut, Gewürzfenchel, Lorbeer, Majoran, Petersilie, Rosmarin, Thymian.

TIPPS ANBAU & ERNTE › Salbei bevorzugt durchlässige, kalkhaltige, trockene Böden an sonnigen Standorten. Ein Rückschnitt im Frühjahr ist empfehlenswert. Junge Blätter lassen sich das ganze Jahr über ernten.

AUFBEWAHRUNG UND KONSERVIERUNG › Salbeizweige halten sich im Kühlschrank mehrere Tage und lassen sich auch trocknen. Besser ist allerdings das Einlegen in Öl oder die Blätter zwischen geöltes Papier zu legen und einzufrieren.

WISSENSWERTES › Der Namenszusatz *officinalis* verweist auf die einstige Bedeutung des Salbeis als Heilpflanze und ist ein Indiz dafür, dass die Pflanze früher als Arzneimittel galt. Dennoch sollte man Salbei nicht über einen längeren Zeitraum in hoher Dosierung (Teekur) zu sich nehmen, da seine ätherischen Öle giftiges Thujon enthalten.

Salvia rutilans

ANANAS-SALBEI

Salvia officinalis ssp. *major*

DALMATIN. SALBEI

Der aus dem Hochland von Mexiko und Guatemala stammende, ausdauernde, nicht winterharte Ananassalbei kann bis zu 1,2 m hoch werden und hat längliche, spitz-ovale, grüne Blätter. Von September bis November erscheinen leuchtend rote Blüten. Die Blätter verströmen einen intensiven, fruchtigen Ananasduft, ihr Geschmack ist mild. Die wärmeliebende Pflanze gedeiht am besten auf durchlässigen, humosen Böden an halbschattigen Standorten. Sie eignet sich gut zur Kübelhaltung und kann im Haus warm überwintert werden. Liebhaber finden sie und weitere Fruchtsalbeiarten bei Kräutergärtnereien.
› Ananassalbei aromatisiert Süßspeisen, Sorbets, Quark und Obstsalate sowie Getränke. Auch als Teepflanze ist er aufgrund seines fruchtigen Aromas beliebt.

Der ausdauernde, winterharte Dalmatinische Salbei ist eine Varietät des Echten Salbeis mit besonders großen, rund-ovalen, graugrünen Blättern. Er kann 40 bis 70 cm hoch werden und blüht von Juni bis August blauviolett. Er ist als Jungpflanze bei Kräutergärtnereien erhältlich. Dieser Salbei stammt von den kargen Bergen Dalmatiens und liebt daher durchlässige, kalkhaltige, trockene Böden an vollsonnigen Standorten. Frische Blätter und Stängel können das ganze Jahr über geerntet werden, eignen sich gut zum Trocknen und werden wie jene des Echten Salbeis verwendet.
› Dalmatinischer Salbei hat ein angenehm frisches, mildes Salbei-Aroma und ist eine der bevorzugten Sorten für die Küche.

Salvia lavandulifolia

SPANISCHER SALBEI

Salvia officinalis 'Nana'

ZWERG-SALBEI

Im Gegensatz zum Echten enthält Spanischer Salbei kein Thujon und lässt sich gut über längere Zeit in größeren Mengen genießen. Der winterharte, kriechende Halbstrauch wird selten höher als 35 cm und hat kleine schmale, graugrüne Blätter. Im Juni und Juli erscheinen kleine blaue Blüten. Die Pflanze liebt durchlässige Böden an sonnigen Standorten, die Ernte erfolgt ganzjährig nach Bedarf. Spanischer Salbei ist als Jungpflanze in Kräutergärtnereien erhältlich. Unter diesem Namen ist dort gelegentlich noch eine andere Art aus Mexiko anzutreffen: Chia *(Salvia hispanica),* dessen Samen wegen des hohen Gehalts an Omega-3-Fettsäuren geschätzt werden.
› Blätter und Triebspitzen des Spanischen Salbeis haben ein balsamisches, an Kampfer erinnerndes Aroma und eignen sich sehr gut für Kräutertees.

Der ausdauernde, winterharte Zwerg- oder Zwerg-Gewürz-Salbei ist eine Varietät des Echten Salbeis, die nur Höhen von 30 bis 40 cm erreicht und damit relativ klein und gedrungen bleibt. Die Pflanze lässt sich daher gut in Töpfen und Kübeln ziehen und ist für Terrasse und Balkon optimal geeignet. Zwergsalbei hat kleine, grüne Blätter und blüht üppig. Die kleinen blassvioletten oder blauen Blüten erscheinen im Juli und August. Er bevorzugt durchlässige Böden an sonnigen Standorten. Als Jungpflanze ist der Zwergsalbei, von dem es auch noch eine weißblühende Sorte gibt, bei Kräutergärtnereien erhältlich.
› Seine Blätter haben ein gutes Salbei-Aroma, lassen sich das ganze Jahr über ernten und werden in der Küche wie jene des Echten Salbeis verwendet.

Rumex acetosa

SAUERAMPFER

ANDERE NAMEN › Großer Sauerampfer, Sauergras, Wiesen-Sauerampfer.

VERBREITUNG › Sauerampfer kommt bei uns wild vor und ist in ganz Europa, Asien und Amerika verbreitet.

AUSSEHEN UND MERKMALE › Die mehrjährige, krautige Pflanze aus der Familie der Knöterichgewächse wird bis 1 m hoch, hat rötliche Stängel und lang gestielte, spitz-ovale, fleischige, grüne Blätter. Von Mai bis August erscheinen rötliche Blütenrispen.

AROMA UND GESCHMACK › Die Blätter sind säuerlich und leicht bitter.

WIRKUNG › Das Kraut wirkt verdauungsfördernd, blutreinigend, entwässernd und stärkt das Immunsystem.

ANGEBOTSFORMEN › Sauerampfer kann wild gesammelt werden, Jungpflanzen sind in Kräutergärtnereien erhältlich.

IN DER KÜCHE › Frische junge Blätter und Triebspitzen.

BESONDERS GUT ZU › Salaten, Dips, Suppen, Kartoffeln, Eierspeisen und gedünstet als Wildgemüse.

VERTRÄGT SICH GUT MIT › Brennnessel, Giersch, Löwenzahn und anderen Wildkräutern.

TIPPS ANBAU & ERNTE › Sauerampfer wächst auf stickstoffreichen Böden und kann von März bis Oktober gesammelt werden.

WISSENSWERTES › Sauerampfer sollte aufgrund seines Oxalsäuregehalts nur in kleinen Mengen roh verzehrt werden.

Ficaria verna (Syn. Ranunculus ficaria)

SCHARBOCKSKRAUT

ANDERE NAMEN › Feigwurz, Gewöhnliches Scharbockskraut.

VERBREITUNG › Das Kraut ist in Nord- und Mitteleuropa verbreitet.

AUSSEHEN UND MERKMALE › Das ausdauernde, winterharte Hahnen-
fußgewächs wird 10 bis 15 cm hoch, hat herzförmig-runde,
glänzend grüne Blätter und sternförmige, gelbe Blüten.

AROMA UND GESCHMACK › Die Blätter schmecken säuerlich scharf.

WIRKUNG › Das Kraut stärkt das Immunsystem.

ANGEBOTSFORMEN › Scharbockskraut kann wild gesammelt werden.

IN DER KÜCHE › Frische, zarte Blätter in kleinen Mengen.

BESONDERS GUT ZU › Salaten, Kräuterquark,- frischkäse, Dips, Nudeln.

VERTRÄGT SICH GUT MIT › Brennnessel, Giersch, Löwenzahn.

TIPPS ANBAU & ERNTE › Das Kraut liebt nährstoffreiche, feuchte Böden
im Halbschatten und taucht im Garten gern unter Hecken
auf. Geerntet werden junge Blätter ab März vor der Blüte.

AUFBEWAHRUNG UND KONSERVIERUNG › Die Blätter lassen sich
im Gefrierbeutel oder in der -dose 2 bis 3 Tage im Kühlschrank aufbewahren, zum Trocknen eignen sie sich nicht.

WISSENSWERTES › Der Name verweist auf die Bedeutung des Wild-
krauts: Dank seines hohen Vitamin-C-Gehalts diente es
früher als Mittel gegen Scharbock (Skorbut). **Aber Ach-
tung:** Ab dem Zeitpunkt der Blüte ist es leicht giftig und
darf nicht mehr verwendet werden.

Allium tuberosum

SCHNITT-KNOBLAUCH

ANDERE NAMEN › Chinalauch, Chinesischer Schnittlauch, Knoblauch-Schnittlauch, Nira.

VERBREITUNG › Schnittknoblauch ist im tropischen Asien weit verbreitet und wird in vielen Ländern der Erde kultiviert.

AUSSEHEN UND MERKMALE › Die mehrjährige, winterharte, krautige Pflanze aus der Familie der Amaryllisgewächse wird meist zwischen 25 und 60 cm hoch, hat flache grüne Blätter und etwa 1 cm große Knollen. Im August und September erscheinen die sternförmigen, in lockeren Scheindolden angeordneten, weißen oder rosa Blüten.

AROMA UND GESCHMACK › Die Blätter haben ein mildes Knoblaucharoma und schmecken auch so, die Blüten sind noch etwas intensiver, die gebleichten Stängel milder im Aroma.

WIRKUNG › Schnittknoblauch wirkt appetitanregend und antibakteriell.

ANGEBOTSFORMEN › Das Kraut ist als Bundware (grüne oder gebleichte Blätter, Stängel mit Knospen) in Asienläden erhältlich. Kräutergärtnereien bieten Saatgut und Jungpflanzen in verschiedenen Sorten (weiß- und rosablühend) an.

IN DER KÜCHE › Frische Blätter, Stängel mit Knospen, Blüten und Knollen in kleinen Mengen.

> **MINIREZEPT ZUM KENNENLERNEN: MILDE KNOBLAUCHBUTTER**
> 1 Bund Schnittknoblauch waschen, trocken tupfen und fein schneiden. 100 g weiche Butter mit 1 TL Limettensaft, Salz und Pfeffer mit dem Schneebesen glatt, aber nicht schaumig rühren. Den Schnittknoblauch hinzufügen und alles gut mischen. Die Knoblauchbutter im Kühlschrank fest werden lassen und zu gegrilltem Fisch oder Meeresfrüchten reichen.

BESONDERS GUT ZU › Salaten, Kräuterdips und -quark, Saucen, Suppen, Gemüse, Eierspeisen (Omeletts, Rührei), Tofu, Frühlingsrollen, Nudeln, Fisch und Meeresfrüchten (Garnelen) sowie Fleisch (Rind, Schwein).

VERTRÄGT SICH GUT MIT DIESEN KRÄUTERN › Basilikum, Chinesischem Gewürzstrauch, Kerbel, Koriander, Muskatkraut, Oregano, Petersilie, Thymian.

TIPPS ANBAU & ERNTE › Schnittknoblauch gedeiht am besten auf lockeren, humosen Böden an einem sonnigen Platz. Die Ernte der Blätter erfolgt die ganze Saison über. Stängel mit Knospen schneidet man, kurz bevor sich die Blüten öffnen.

AUFBEWAHRUNG UND KONSERVIERUNG › Schnittknoblauch kann in einem Gefrierbeutel im Gemüsefach des Kühlschranks 2 bis 3 Tage aufbewahrt werden, zum Trocknen ist er nicht geeignet, Einfrieren ist dagegen gut möglich.

WISSENSWERTES › Im Gegensatz zu Knoblauch hinterlässt Schnittknoblauch nach dem Verzehr nicht den typischen Geruch und bietet sich daher für rohe Zubereitungen als Ersatz an, etwa in Salaten, Dips und Kräutersaucen. In Asien werden Blätter, Stängel und Blüten gedünstet als Gemüse serviert. Ebenso lässt sich der aus Südafrika stammende, violett blühende Zimmerknoblauch *(Tulbaghia violacea)* verwenden, der gleichzeitig eine dekorative Zimmerpflanze ist.

Allium schoenoprasum

SCHNITTLAUCH

ANDERE NAMEN › Binsenlauch, Graslauch, Schnittling.

VERBREITUNG › Schnittlauch kommt in Europa wild vor und ist in den gemäßigten Zonen auf der Nordhalbkugel sowie in Australien verbreitet.

AUSSEHEN UND MERKMALE › Die ausdauernde, winterharte, krautige Staude aus der Familie der Amaryllisgewächse wird meist um die 30 cm, teils auch bis zu 50 cm hoch und bildet Stängel mit je 2 schmalen, röhrenförmig-runden, spitz endenden, dunkelgrünen Blättern. Von Mai bis August erscheinen rosa bis rötlich violette, seltener weiße Blüten.

AROMA UND GESCHMACK › Die Blätter und Blüten haben ein frisches, mildes Zwiebelaroma und schmecken leicht scharf.

WIRKUNG › Schnittlauch ist appetitanregend, fördert die Verdauung und wirkt entwässernd.

ANGEBOTSFORMEN › Schnittlauch ist im Lebensmittelhandel an der Gemüsetheke als Bund- und Topfware sowie getrocknet im Gewürzregal und auch tiefgekühlt erhältlich. Gartencenter und Kräutergärtnereien bieten Saatgut und Topfware an.

IN DER KÜCHE › Frische, rohe Stängel, Blüten als essbare Garnitur.

MINIREZEPT ZUM KENNENLERNEN: SCHNITTLAUCHQUARK
1 1/2 Bund Schnittlauch waschen, trocken schütteln und in feine Röllchen schneiden. 1 Schalotte schälen und fein hacken. In einer Schüssel 250 g Quark (20 % Fett) mit 2 EL Limettensaft und 2 EL Maiskeimöl glatt rühren. Die Schalotten, den Schnittlauch sowie 1 TL edelsüßes Paprikapulver untermischen. Den Schnittlauchquark kräftig mit Salz und Pfeffer abschmecken, mit Schnittlauchhalmen garnieren und mit knusprigem Bauernbrot oder zu Pellkartoffeln reichen.

BESONDERS GUT ZU › Kräuterquark, -käse und -dips, Salaten, Suppen, Eierspeisen (Omelett, Pfannkuchen, Rührei), Gemüse (Kartoffeln, Kohlrabi), Fisch und Meeresfrüchten, Geflügel (Hähnchen) und gekochtem sowie gebratenem kaltem Fleisch (Rind, Kalb, Schwein).

VERTRÄGT SICH GUT MIT DIESEN KRÄUTERN › Dill, Eiskraut, Estragon, Gewürzfenchel, Kerbel, Kresse, Petersilie, Ysop.

TIPPS ANBAU & ERNTE › Schnittlauch ist im Prinzip anspruchslos, bevorzugt jedoch nährstoffreiche, kalkhaltige und ausreichend feuchte Böden an sonnigen Standorten. Schneidet man die Blätter im Frühjahr und Frühsommer vor der Blüte regelmäßig von außen nach innen ab, treiben länger zarte Halme nach. Nach der Blüte ist Schnittlauch etwas derber und weniger saftig, kann aber trotzdem noch verwendet werden.

AUFBEWAHRUNG UND KONSERVIERUNG › Schnittlauch schmeckt frisch am besten. In einem Gefrierbeutel im Gemüsefach des Kühlschranks hält er 2 bis 3 Tage. Trocknen ist nicht empfehlenswert, da er dabei sein Aroma weitgehend verliert. In Röllchen geschnitten und in Eiswürfelbehälter gefüllt, lässt er sich aber gut einfrieren.

WISSENSWERTES › Schnittlauch enthält viel Vitamin A und C, ist eines der beliebtesten Küchenkräuter und wird bei uns schon seit dem frühen Mittelalter in Gärten kultiviert.

Apium graveolens var. *secalinum*

SCHNITTSELLERIE

ANDERE NAMEN › Blattsellerie, Eppich, Würzsellerie.

VERBREITUNG › Sellerie ist in mehreren Arten in den gemäßigten Zonen weltweit verbreitet.

AUSSEHEN UND MERKMALE › Die zweijährige, krautige Pflanze aus der Familie der Doldenblütler erreicht meist Höhen zwischen 40 bis 60 cm, kann aber auch 1 m hoch werden. Sie hat grüne, gestielte, gefiederte Blätter mit dreilappigen Einzelblättern. Die kleinen, grünweißen Blüten erscheinen von Mai bis Juli in Doppeldolden. Im zweiten Jahr produziert die Pflanze Samen und ist dann ungenießbar.

AROMA UND GESCHMACK › Schnittsellerie duftet nur schwach. Im Geschmack liegen die würzigen, leicht bitter-scharfen Blätter zwischen Sellerie und Petersilie.

WIRKUNG › Schnittsellerie wirkt entwässernd und entgiftend.

ANGEBOTSFORMEN › Saatgut und Jungpflanzen sind in Kräutergärtnereien erhältlich. Das Kraut ist gelegentlich auch als Bund- oder Topfware an der Gemüsetheke zu finden.

IN DER KÜCHE › Junge zarte Blätter und Stängel, getrocknete Blätter und Samen.

> **MINIREZEPT ZUM KENNENLERNEN: SELLERIESALZ**
> 40 g getrockneten Schnittsellerie und 10 g Selleriesamen nach Belieben im Mörser fein zerreiben und mit 150 g Meersalz oder grobem Salz mischen. Die Mischung erneut im Mörser zerkleinern und in gut schließende Gläser füllen. Selleriesalz würzt Tomatensaft und Grillgerichte.

BESONDERS GUT ZU › Schnittsellerie aromatisiert Kräuterbutter, -dips -quark, Saucen, Salate, Fonds, Suppen und Eintöpfe. Zudem verleiht er Gemüse und Hülsenfrüchten sowie Hackfleisch-, Huhn- und Fischgerichten eine frische Note.

VERTRÄGT SICH GUT MIT DIESEN KRÄUTERN › Glatte und krause Petersilie, Schnittknoblauch.

TIPPS ANBAU & ERNTE › Schnittsellerie bevorzugt wie alle Selleriearten lockere, nährstoffreiche, feuchte Böden an sonnigen bis halbschattigen Standorten. Die Aussaat empfiehlt sich im zeitigen Frühjahr in Anzuchtschalen oder ab Mai direkt ins Freiland. Geerntet werden die Blätter laufend.

AUFBEWAHRUNG UND KONSERVIERUNG › Schnittselleriestängel halten 3 bis 4 Tage im Wasserglas oder im Kühlschrank, die Blätter lassen sich auch gut trocknen oder einfrieren.

WISSENSWERTES › Wildsellerie war bereits im Alten Ägypten als Heilpflanze bekannt. Im Mittelalter gelangte er wie viele Kräuter in die Klostergärten Mitteleuropas, die heutigen Unterarten entstanden ab dem 17. Jahrhundert. In Italien findet bis heute ein Wildsellerie-Verwandter als Würzkraut Verwendung, der auch hierzulande gelegentlich wild anzutreffen ist: Der Knotenblütige Sellerie, Wassersellerie oder Sedanina *(Apium nodiflorum)*. Das aromatische, zartblättrige Kraut bietet sich für die Topfkultur an, benötigt jedoch viel Feuchtigkeit. Seine Blätter würzen Salate, Gemüse und Fisch und eignen sich auch für grüne Smoothies.

Stevia rebaudiana

STEVIA

ANDERE NAMEN › Süßkraut, Süßblatt, Honigblatt.

VERBREITUNG › Stevia kommt in Südamerika im Grenzgebiet von Brasilien und Paraguay wild vor und wird heute auch in Asien und gelegentlich in Europa kultiviert.

AUSSEHEN UND MERKMALE › Die mehrjährige, nicht winterharte, subtropische Pflanze aus der Familie der Korbblütler erreicht eine Höhe von 30 bis 60 cm und hat schmale, ovale, leicht gezähnte, grüne Blätter. Die kleinen weißen Blüten erscheinen im zeitigen Frühjahr oder im Herbst.

AROMA UND GESCHMACK › Die Blätter duften nur schwach und schmecken jung angenehm süß.

WIRKUNG › Stevia hat eine blutdrucksenkende, gefäßerweiternde, antimikrobielle Wirkung und beugt Karies vor.

ANGEBOTSFORMEN › Samen und Jungpflanzen für den privaten Bedarf sind bei Kräutergärtnereien erhältlich.

IN DER KÜCHE › Frische oder getrocknete Steviablätter dienen zum Süßen von Tee und anderen Getränken, Süßspeisen und Desserts. Als Zuckerersatz ist Stevia nur bedingt geeignet, da Pulver, Fluid und Tabs andere physikalische Eigenschaften als Kristallzucker mitbringen. In Backrezepten kann ein Drittel der angegebenen Kristallzuckermenge durch Stevia-Pulver ersetzt werden, dabei die Mengenangaben auf der Verpackung beachten.

MINIREZEPT ZUM KENNENLERNEN: STEVIA-AUSZUG
1/2 l Wasser aufkochen und beiseitestellen. Je nach gewünschter Süße 50–100 g Steviablätter in einem Gefäß mit dem kochend heißen Wasser übergießen und 30 Minuten ziehen lassen. So erhält man einen natürlichen Süßstoff für Joghurt, Cremes und Süßspeisen.

BESONDERS GUT ZU › Früchten, Obstsalaten, Getränken, Joghurt und anderen Milchprodukten.

VERTRÄGT SICH GUT MIT DIESEN KRÄUTERN › Gewürztagetes, Minze, Zitronenmelisse, Zitronenverbene.

TIPPS ANBAU & ERNTE › Die Pflanze liebt nährstoffreiche, durchlässige, frische Böden an sonnigen bis halbschattigen Standorten und eignet sich zur Topfkultur, benötigt jedoch viel Wasser (keine Staunässe). Sie kann im Frühsommer ins Freiland gesät oder im Sommer über Stecklinge vermehrt werden. Geerntet werden frische Blätter nach Bedarf.

AUFBEWAHRUNG UND KONSERVIERUNG › Frische Blätter und Stängel halten im Wasserglas oder im Kühlschrank 3 bis 4 Tage. Die Blätter lassen sich gut trocknen und ganz oder fein zerrieben als Süßungsmittel verwenden.

WISSENSWERTES › In ihrer Heimat wird die Steviapflanze seit Jahrhunderten zum Süßen von Mate-Tee verwendet. Seit Ende 2011 ist in der EU ein aus Steviablättern hergestellter Süßstoff (Steviolglycosid, Steviosid) als Lebensmittelzusatzstoff (E960) erlaubt, die gewerbliche Nutzung der Pflanze aber (noch) nicht. Je nach Sorte und Standort können Steviablätter einen ganz unterschiedlichen Grad an Süße aufweisen. Als Faustregel gilt: Frische Steviablätter sind bis zu 10-mal süßer als Zucker, getrocknete etwa 30-mal und der aus den Blättern gewonnene Süßstoff ist bis zu 300-mal süßer.

Thymus vulgaris

THYMIAN

ANDERE NAMEN › Echter Thymian, Gartenthymian, Gewürzthymian.

VERBREITUNG › Thymian stammt aus dem Mittelmeerraum und ist in Süd- und Mitteleuropa in vielen Arten verbreitet.

AUSSEHEN UND MERKMALE › Der winterharte, immergrüne, verholzende Zwergstrauch aus der Familie der Lippenblütler wird 20 bis 40 cm hoch und hat starre, eng verästelte Zweige mit grünen oder graugrünen, länglich- oder spitzovalen kleinen Blättern. Die hellrosa bis hellvioletten Blüten erscheinen von Juni bis in den Spätsommer hinein.

AROMA UND GESCHMACK › Die ganze Pflanze duftet hocharomatisch, Thymianblätter schmecken würzig-bitter und je nach Sorte mehr oder weniger brennendscharf.

WIRKUNG › Thymian wirkt antibakteriell, desinfizierend, schmerzlindernd, hilft bei Husten, Bronchitis und Erkältungen und fördert die Verdauung.

ANGEBOTSFORMEN › Frisch als Bundware und Topfkraut an der Gemüsetheke, getrocknet im Gewürzregal des Lebensmittelhandels. Spezielle Arten und Sorten sind als Saatgut und Jungpflanzen bei Kräutergärtnereien erhältlich.

IN DER KÜCHE > Frische Zweige, Blätter und Blüten und getrocknete Blätter, diese schmecken noch intensiver. Das hitzeverträgliche Kraut ist zum Mitgaren geeignet.

MINIREZEPT ZUM KENNENLERNEN: KRÄUTER-FLADENBROT

300 g Mehl in eine Schüssel sieben. 1/2 Würfel Hefe in 1/4 l lauwarmem Wasser auflösen und mit 1/2 TL Zucker, 1 Ei und 2 EL Olivenöl, Salz und Pfeffer zum Mehl geben und glatt kneten. Den Teig zugedeckt an einem warmen Ort gehen lassen, bis er das doppelte Volumen erreicht hat. 3 EL Petersilie und 1 TL Thymianblättchen sowie 3 geschälte Knoblauchzehen hacken und mit 6 EL Olivenöl, Meersalz und Pfeffer verrühren. Den Teig zu 3 Fladen (18 cm Ø) ausrollen, auf ein Blech legen, erneut 15 Minuten gehen lassen, dann die Kräuter-Öl-Mischung darauf verstreichen. Die Fladen mit Salz bestreuen und im vorgeheizten Backofen bei 210 °C etwa 15 Minuten backen.

BESONDERS GUT ZU > Fleisch, Wild und Geflügel, Fisch und Meeresfrüchten sowie zu Gemüse (Auberginen, Zucchini, Paprika, Knoblauch, Zwiebeln), Kartoffeln und Käse. Der vielseitige Thymian würzt zudem Saucen, Suppen, Eintöpfe, Schmorgerichte und Wurst.

VERTRÄGT SICH GUT MIT DIESEN KRÄUTERN > Basilikum, Bohnenkraut, Gewürzfenchel, Lavendel, Lorbeer, Majoran, Oregano, Petersilie, Rosmarin, Salbei und Tripmadam.

TIPPS ANBAU & ERNTE > Thymian liebt durchlässige bis trockene, magere, sandige oder steinige Böden und viel Sonne. Empfehlenswert ist ein Rückschnitt im Frühjahr, dann bleibt die Pflanze kompakter. Das Kraut eignet sich gut für Topfkultur. Die Ernte frischer Zweige ist ganzjährig möglich, zum Trocknen schneidet man sie kurz vor der Blüte.

AUFBEWAHRUNG UND KONSERVIERUNG > Thymian hält im Kühlschrank einige Tage und lässt sich gut trocknen.

WISSENSWERTES > Aufgrund seines Gehalts an ätherischen Ölen war Echter Thymian bereits bei den Römern und im Mittelalter (Hildegard von Bingen) ein wichtiges Heilkraut. Studien bestätigten inzwischen seine Heilwirkung: Im Jahr 2006 war Thymian die Arzneipflanze des Jahres.

Thymus pulegioides
FELD-THYMIAN

Thymus herba-barona
KÜMMEL-THYMIAN

Feldthymian oder Echter Quendel, wie er auch genannt wird, ist eine heimische, wilde Thymianart. Der winterharte, in flachen Matten wachsende oder dichtbuschige Halbstrauch wird selten höher als 15 cm, hat nur schwach verholzende Stängel und schmalovale, kleine, grüne Blätter. Die rosa bis purpurvioletten Blüten erscheinen von Juni bis September. Die Pflanze bevorzugt durchlässige, kalkarme, sandig-steinige Böden und wächst an sonnigen bis halbschattigen Standorten.

› Feldthymian ist würzig-aromatisch, etwas milder als Echter Thymian und schmeckt kampferartig und leicht bitter. In der Küche kann er wie Echter Thymian verwendet werden, etwa zum Aromatisieren von Kräuterbutter, Salaten, Eierspeisen, Saucen, Suppen, Eintöpfen und Wurst.

Kümmelthymian ist auf Korsika und Sardinien verbreitet. Der winterharte, immergrüne, kriechende Halbstrauch erreicht eine Höhe von 5 bis 15 cm und bildet dichte Matten. Die Pflanze hat kleine, spitz-ovale, dunkelgrüne bis graugrüne Blätter. Die kleinen hellrosa bis hellvioletten Blüten erscheinen im Sommer. Kümmelthymian liebt durchlässige, kalkhaltige, sandig-steinige Böden und braucht viel Sonne. Das Aroma dieser Thymianart erinnert tatsächlich an Kümmel. Verwendung finden frische und getrocknete Zweige, Blätter und Blüten.

› Sie gelangen überall dort zum Einsatz, wo Kümmel gefragt ist, beispielsweise bei Fleisch (Rind, Kalb, Lamm), Gemüse (Kohl), Saucen, Dips und Käse. Das Kraut passt aber auch gut zu gebratenen Waldpilzen.

Thymus vulgaris ssp. *fragrantissimus*

ORANGEN-THYMIAN

Thymus × citriodorus

ZITRONEN-THYMIAN

Die winterharte, aufrecht wachsende, buschige Pflanze wird etwa 20 cm hoch und hat kleine, lanzettartige, graugrüne Blätter. Die rosa bis blassvioletten Blüten erscheinen von Mai bis in den Sommer. Orangenthymian liebt durchlässige, magere Böden an sonnigen, möglichst warmen Standorten. Das Kraut weist ein fruchtiges Orangenaroma auf, das an sonnig-heißen Tagen besonders intensiv ist. In der Küche werden frische und getrocknete Zweige, Blätter und Blüten verwendet.

> Orangenthymian ist ein beliebtes Teekraut, aromatisiert aber auch Kräuteröle, Marinaden, Saucen und Süßspeisen. In einem Bouqet garni (S. 152) oder in Auszügen und Marinaden können einige Zweige Orangenthymian ein Stück Orangenschale ersetzen.

Zitronenthymian gibt es in mehreren Sorten mit gelbgrünen, hellgrünen oder grünweißen Blättern. Die immergrünen, buschigen, teils aufrechten, teils lockere Polster bildenden Halbsträucher werden meist bis zu 20 cm hoch und haben kleine, ovale Blätter. Die rosa bis hellvioletten Blüten erscheinen ab Juni bis August. Zitronenthymian ist weniger winterhart als Echter Thymian und sollte deshalb in der kalten Jahreszeit abgedeckt oder im Topf im Haus überwintert werden. Verwendung finden frische und getrocknete Zweige, Blätter und Blüten.

> Mit seinem angenehm frischen Zitronenaroma aromatisiert er Fisch, Geflügel (Hähnchen) und Gemüse. Er verleiht aber auch Kräuteressigen und -ölen, Saucen, Dips, Obstsalaten und Tees eine frische Note.

Sedum rupestre (Syn. *Sedum reflexum*)

TRIPMADAM

ANDERE NAMEN › Felsen-Fetthenne, Felsen-Mauerpfeffer.

VERBREITUNG › Tripmadam ist in Mitteleuropa und in verschiedenen Arten weltweit verbreitet.

AUSSEHEN UND MERKMALE › Die mehrjährige, winterharte, kriechende Pflanze aus der Familie der Dickblattgewächse wird bis zu 20 cm hoch und hat kleine, fleischige, spitze, grünliche bis blaugraue Blätter. Im Sommer erscheinen gelbe doldenartige Blütenstände mit bis zu 50 Einzelblüten.

AROMA UND GESCHMACK › Tripmadam duftet kaum, im Geschmack sind die Blätter säuerlich frisch.

ANGEBOTSFORMEN › Kräutergärtnereien bieten Jungpflanzen an.

IN DER KÜCHE › Frische ganze oder angedrückte Blätter.

BESONDERS GUT ZU › Salaten, Saucen, Kräuter- und Gemüsesuppen.

VERTRÄGT SICH GUT MIT › Estragon, Thymian.

TIPPS ANBAU & ERNTE › Das Kraut liebt durchlässige, nährstoffarme, trockene Böden an sonnigen, warmen Standorten. Blätter und junge Triebspitzen werden am besten noch vor der Blüte geerntet.

WISSENSWERTES › Tripmadam wird in der französischen Küche gern zum Würzen eingesetzt. In Kräuteressig eingelegt dienen seine fleischigen Blätter auch als Kapernersatz.

Galium odoratum

WALDMEISTER

ANDERE NAMEN › Duftlabkraut, Maikraut.

VERBREITUNG › Waldmeister ist in Europa und Nordafrika verbreitet.

AUSSEHEN UND MERKMALE › Die mehrjährige, winterharte, krautige Staude aus der Familie der Rötegewächse wird bis zu 30 cm hoch, hat vierkantige Stängel und in Quirlen angeordnete, längliche Blätter. Die weißen Blüten erscheinen im Mai.

AROMA UND GESCHMACK › Leicht angewelkt duftet Waldmeister aromatisch süß und erinnert an Heu und Vanille. Im Geschmack sind die Blätter würzig und leicht bitter.

WIRKUNG › Frisch regen die Blätter den Stoffwechsel an, getrockneter Waldmeister hat eine beruhigende Wirkung.

ANGEBOTSFORMEN › Waldmeister kann wild gesammelt werden. Jungpflanzen sind in Kräutergärtnereien erhältlich.

IN DER KÜCHE › Leicht angewelkte Stängel in sehr kleinen Mengen.

BESONDERS GUT ZU › Getränken, Süßspeisen, Kompotten und Desserts sowie zum Aromatisieren von Marinaden und Saucen.

TIPPS ANBAU & ERNTE › Waldmeister liebt lockere, nährstoffreiche, feuchte Böden im Halbschatten. Vor der Blüte ernten.

AUFBEWAHRUNG UND KONSERVIERUNG › Waldmeister hält im Kühlschrank 1 bis 2 Tage und lässt sich einfrieren und trocknen.

WISSENSWERTES › Das beliebte Duftkraut enthält schädliches Kumarin und wird sehr sparsam dosiert.

Wasabi japonica 'Matsum' (Syn. *Eutrema japonica*)

WASABI

ANDERE NAMEN › Japanischer Meerrettich, Wassermeerrettich.

VERBREITUNG › Wasabi ist in Japan beheimatet. Angebaut wird er vorwiegend dort, aber auch in China und Korea sowie in geringerem Umfang in Neuseeland und den USA.

AUSSEHEN UND MERKMALE › Die mehrjährige, bedingt winterharte (bis -10 °C) Staude aus der Familie der Kreuzblütler wird in der Regel zwischen 20 und 60 cm hoch. Aus einem fleischigen Rhizom treibt sie 10 bis 20 cm breite, herzförmige Blätter an langen Stängeln, die mittleren und oberen Blätter sind deutlich kleiner. Von März bis Mai erscheinen kleine weiße Blüten.

AROMA UND GESCHMACK › Wasabi erinnert im Aroma an Meerrettich, ist jedoch feiner als dieser. Die Blätter schmecken mild, die Stängel leicht und die Rhizome brennend scharf.

WIRKUNG › Wasabi ist appetitanregend und verdauungsfördernd.

ANGEBOTSFORMEN › Wasabi wird von Kräuter- und Staudengärtnereien als Jungpflanze angeboten. Ab und an ist das frische Rhizom auch an den Gemüsetheken gut sortierter Feinkostgeschäfte zu finden.

IN DER KÜCHE › Frische Blätter und Stängel, Rhizome.

> **MINIREZEPT ZUM KENNENLERNEN: WASABIPASTE**
> 40–50 g Wasabiblätter und -stängel waschen, grob schneiden und im Mixer mit 1 EL Reisessig und 1 Prise Salz pürieren, dabei ein wenig Wasser hinzufügen, sodass eine homogene Paste entsteht. Diese schmeckt deutlich milder als das aus dem hellgrünen Rhizom hergestellte Original und lässt sich kurz kühl aufbewahren.

BESONDERS GUT ZU › Roh gerieben ist frischer Wasabi das klassische Gewürz für rohen Fisch (Sushi, Sashimi). Wasabipaste eignet sich auch gut zum Würzen anderer Fisch- oder Fleischgerichte. Die Blätter und Stängel verleihen Salaten, Saucen, Mayonnaisen und Marinaden eine leichte Schärfe.

VERTRÄGT SICH GUT MIT DIESEN KRÄUTERN › Wasabiblätter lassen sich mit asiatischen und Salatkräutern kombinieren.

TIPPS ANBAU & ERNTE › Wasabi liebt nährstoffreiche, feuchte bis nasse Böden an halbschattigen bis schattigen Standorten und kühle Temperaturen (10–15 °C) während der Wachstumsphase. Er wird im Frühjahr ausgesät oder durch Teilung des Rhizoms im Herbst oder Frühjahr vermehrt. Die Ernte der Blätter erfolgt laufend, jene der Rhizome im Herbst.

AUFBEWAHRUNG UND KONSERVIERUNG › Frische Blätter halten in einem Gefrierbeutel im Kühlschrank 2 bis 3 Tage. Die selbst gemachte Paste lässt sich kurz kühl aufbewahren.

WISSENSWERTES › Echter Wasabi ist sehr teuer, daraus hergestellte Produkte werden als Hon Wasabi oder Nama Wasabi bezeichnet. Handelsübliche grüne Wasabipasten aus Supermärkten und Asienläden heißen Seiyo-Wasabi und haben mit dem Echten meist nichts zu tun, sondern werden aus Meerrettich und grüner Lebensmittelfarbe hergestellt. Wie Wasabi kann auch Meerrettich *(Armoracia rusticana)* im Garten kultiviert werden. Neben der geriebenen Wurzel eignen sich auch seine Blätter und Stängel als Gewürz.

Ruta graveolens

WEINRAUTE

ANDERE NAMEN › Edelraute, Raute, Ruta, Weinkraut.

VERBREITUNG › Weinraute ist in Süd- und Südosteuropa verbreitet.

AUSSEHEN UND MERKMALE › Der mehrjährige, winterharte Halbstrauch aus der Familie der Rautengewächse wird 40 cm bis 1 m hoch, verholzt im unteren Bereich und hat kleine, gefiederte, graugrüne, spatelförmige Blätter. Die kleinen gelben Blüten erscheinen von Mai bis August.

AROMA UND GESCHMACK › Die Blätter haben ein intensives, herbwürziges Aroma und schmecken bitter.

WIRKUNG › Weinraute fördert die Verdauung und erweitert die Gefäße.

ANGEBOTSFORMEN › Saatgut und Jungpflanzen in Kräutergärtnereien.

IN DER KÜCHE › Frische Blättchen und Triebspitzen.

BESONDERS GUT ZU › Kräuterbutter, Saucen, Eiergerichten und Lamm.

VERTRÄGT SICH GUT MIT › Lorbeer, Thymian.

TIPPS ANBAU & ERNTE › Die Pflanze liebt durchlässige, nährstoffarme, kalkhaltige, warme Böden an sonnigen Standorten.

AUFBEWAHRUNG UND KONSERVIERUNG › Im Kühlschrank hält sich Weinraute 1 bis 2 Tage, sie kann auch getrocknet werden.

WISSENSWERTES › In der Antike war Weinraute ein geschätztes Heil- und Würzkraut. Aufgrund toxischer Inhaltsstoffe wird sie heute nur noch in geringer Dosierung verwendet.

Artemisia absinthium

WERMUT

ANDERE NAMEN › Absinth, Bitterkraut, Echter Wermut, Wermutkraut.

VERBREITUNG › Wermut ist in Europa, Nordafrika und in den gemäßigten Zonen Asiens verbreitet und in Amerika eingebürgert.

AUSSEHEN UND MERKMALE › Der winterharte, ausdauernde Halbstrauch aus der Familie der Korbblütler wird meist 40 bis 60 cm, gelegentlich aber auch über 1 m hoch und hat silbriggraue bis graugrüne, filzig behaarte, zwei- bis dreifach gefiederte Blätter. Die kleinen, rispenartigen, gelben Blüten erscheinen von Juli bis September.

AROMA UND GESCHMACK › Die Blätter duften aromatisch und schmecken sehr bitter.

WIRKUNG › Wermut wirkt appetitanregend und verdauungsfördernd.

ANGEBOTSFORMEN › Saatgut und Jungpflanzen in Kräutergärtnereien.

IN DER KÜCHE › Frische Triebspitzen und Blüten.

BESONDERS GUT ZU › Wermut aromatisiert Kräuterweine, -liköre und Bitterspirituosen. In der Küche kommt er eher selten in geringer Dosierung zum Würzen von fettem Fleisch (Lamm, Schwein, Eintopfgerichte) und Wild zum Einsatz.

TIPPS ANBAU & ERNTE › Das Kraut liebt durchlässige, trockene Böden und Sonne. Wermut steht das ganze Jahr über frisch zur Verfügung, zum Trocknen die Stängel kurz vor der Blüte ernten.

WISSENSWERTES › Das ätherische Öl des Wermuts enthält toxisches Thujon, daher sollte er sehr sparsam dosiert werden.

Hyssopus officinalis

YSOP

ANDERE NAMEN › Eisop, Gewürz-Ysop, Josefskraut.

VERBREITUNG › Ysop ist in Süd- und Südosteuropa, in Nordafrika und im Mittleren Osten verbreitet.

AUSSEHEN UND MERKMALE › Der ausdauernde, mehrjährige, winterharte, verholzende Halbstrauch aus der Familie der Lippenblütler wird bis zu 60 cm hoch, hat meist aufrechte, seltener niederliegende Zweige. Die ganzrandigen, lanzettartig schmalen, grünen Blätter sind in Scheinquirlen an aufrechten, vierkantigen Stängeln angeordnet. Im Juli und August erscheinen königsblaue, seltener rosa oder weiße Blüten.

AROMA UND GESCHMACK › Ysop duftet würzig-aromatisch und schmeckt kampferartig herb und leicht bitter.

WIRKUNG › Das Kraut regt den Appetit an und wirkt schleimlösend.

ANGEBOTSFORMEN › Kräutergärtnereien bieten Jungpflanzen in verschiedenen Unterarten und Sorten an.

IN DER KÜCHE › Frische Blätter und Blüten als essbare Garnitur in kleinen Mengen.

MINIREZEPT ZUM KENNENLERNEN: KARTOFFEL-BOHNEN-SALAT
500 g gekochte, festkochende Kartoffeln würfeln und mit 300 g gegarten, in Streifen geschnittenen, breiten Bohnen in eine Schüssel geben. 1/8 l Geflügelfond mit 3–4 EL Aceto balsamico bianco, 1 TL Senf, Salz und Pfeffer sowie je 1 geschälten, fein gewürfelten Zwiebel und Knoblauchzehe 3 Minuten köcheln lassen. Die Mischung über die Kartoffeln gießen, 7 EL Öl sowie je 1 EL gehackten Ysop und Petersilie hinzufügen. Gut mischen, abschmecken und 20 Minuten ziehen lassen.

BESONDERS GUT ZU › Salaten, Suppen, Kartoffelgerichten, Gemüse (Hülsenfrüchte), Marinaden, Geflügel, Fleisch (Kalb, Rind, Lamm), zu gegrilltem Fleisch und Hackfleisch (Rind, Schwein und Lamm) sowie für Kräuterbutter, Kräuteressig, Dips, Drinks, Kräuterwein, -spirituosen und Tee.

VERTRÄGT SICH GUT MIT DIESEN KRÄUTERN › Bohnenkraut, Estragon, Kerbel, Majoran, Oregano, Petersilie, Rosmarin, Thymian.

TIPPS ANBAU & ERNTE › Ysop bevorzugt durchlässige, kalkhaltige Böden an vollsonnigen Standorten. Ein Rückschnitt nach der Blüte oder im zeitigen Frühjahr (März) ist empfehlenswert. Für die Topfhaltung eignet sich am besten die kompaktere Unterart des Zwerg- oder Felsen-Ysops *(Hyssopus officinalis* ssp. *aristatus).* Die Ernte der frischen Blätter ist fortlaufend möglich.

AUFBEWAHRUNG UND KONSERVIERUNG › Frische Stängel halten mehrere Tage im Wasserglas oder in einem Gefrierbeutel im Gemüsefach des Kühlschranks. Das Kraut lässt sich zwar trocknen, verliert dabei aber viel Aroma.

WISSENSWERTES › Ysop ist heute als Küchenkraut etwas in Vergessenheit geraten, war aber schon in der Antike eine geschätzte Würz- und Heilpflanze. Bei dem in der Bibel wiederholt erwähnten Ysop handelt es sich vermutlich aber nicht um die hier beschriebene Art *Hyssopus officinalis,* sondern vielmehr um eine Zatar-Variante (S. 144). Das aus der Pflanze gewonnene ätherische Öl kann toxisch wirken, daher sollte Ysop nicht über einen längeren Zeitraum in größeren Mengen, etwa als Tee, konsumiert werden.

Majorana syriaca

ZATAR

ANDERE NAMEN › Arabischer Majoran, Arabischer Oregano, Syrischer Majoran.

VERBREITUNG › Arabischer Majoran kommt im Vorderen Orient wild vor und ist auch im östlichen Mittelmeerraum anzutreffen.

AUSSEHEN UND MERKMALE › Die ausdauernde, bedingt winterharte Pflanze aus der Familie der Lippenblütler erreicht Höhen von 30 bis 50 cm, hat aufrechte Stängel und kleine weiche, behaarte, grüne Blätter. Von Juli bis September erscheinen filzig-weiße Blütenköpfe mit kleinen weißen Blüten.

AROMA UND GESCHMACK › Das Aroma des Arabischen Majorans liegt zwischen Majoran und Oregano und erinnert auch etwas an Thymian. Sein Geschmack ist leicht scharf.

WIRKUNG › Zatar hat eine appetitanregende und verdauungsfördernde Wirkung.

ANGEBOTSFORMEN › Jungpflanzen sind in Kräutergärtnereien erhältlich, Saatgut im speziellen Saatgut-Versandhandel.

IN DER KÜCHE › Junge frische Blätter und Stängel sowie getrocknete und gerebelte Blätter.

> **MINIREZEPT ZUM KENNENLERNEN: ZATARBUTTER**
> 2–3 EL frische Zatarblätter waschen, trocken tupfen und mit 1/2 TL grobem Salz im Mörser zerreiben. Die Paste mit 50 g weicher Butter verrühren, in Schälchen füllen und gut gekühlt zu Grillfleisch reichen.

BESONDERS GUT ZU › Gegrilltem Fleisch (Lamm), Eintopfgerichten und als Gewürz für Brot (Fladenbrot). Zatar kann versuchsweise auch als Alternative zu Berg-Bohnenkraut, Majoran, Oregano und Thymian eingesetzt werden.

VERTRÄGT SICH GUT MIT DIESEN KRÄUTERN › Berg-Bohnenkraut, Petersilie, Rosmarin, Salbei, Thymian.

TIPPS ANBAU & ERNTE › Als Wüstenpflanze bevorzugt Zatar durchlässige, sandige oder schotterige, trockene Böden an sonnigen, warmen Standorten. Im Topf lässt sich das Kraut hell und nicht zu warm überwintern. Während der Wintermonate entstehen neue Triebe. Die Ernte frischer Blätter und Triebe ist ganzjährig möglich.

AUFBEWAHRUNG UND KONSERVIERUNG › Frische Stängel halten im Wasserglas oder in einem Gefrierbeutel im Gemüsefach des Kühlschranks 2 bis 3 Tage. Zatar eignet sich auch gut zum Trocknen, dabei verstärkt sich sein Aroma noch.

WISSENSWERTES › Das arabische Wort Zatar, Za'tar, Zahtar oder Satar hat mehrere Bedeutungen: Zum einen werden damit verschiedene Pflanzen aus dem östlichen Mittelmeerraum und dem arabischen Raum bezeichnet, die alle ein herbwürziges, an Oregano und Majoran erinnerndes Aroma und einen scharfen Geschmack haben. Zum anderen ist Zatar der Name einer Gewürzmischung aus geröstetem Sesam, Sumach, Salz und getrocknetem Zatarkraut (S. 153). Dies kann je nach Region die hier vorgestellte Art *(Majorana syriaca)* sein, der Syrische Oregano *(Origanum syriacum)* oder verschiedene andere Lippenblütengewächse aus der Gattung Thymbra *(Thymbra capitata, Thymbra spicata)*.

Cymbopogon citratus (Syn. *Andropogon citratus*)
ZITRONENGRAS

ANDERE NAMEN › Westindisches Zitronengras, Sereh.

VERBREITUNG › Zitronengras wird heute vor allem in Asien, aber auch in Südamerika, Afrika und Australien angebaut.

AUSSEHEN UND MERKMALE › Die mehrjährige, nicht winterharte Staude aus der Familie der Süßgräser kann bis zu 1,5 m hoch werden und hat lange schilfartige, schmale, grüne Blätter. Die Kulturform blüht nicht.

AROMA UND GESCHMACK › Die Blätter sowie die verdickte Stängelbasis weisen ein angenehm frisches, zitronenartiges Aroma auf und schmecken auch nach Zitrone.

WIRKUNG › Zitronengras wirkt appetitanregend, verdauungsfördernd und fiebersenkend. Das aus der Pflanze gewonnene ätherische Öl (Lemongrasöl) hat eine antibakterielle Wirkung.

ANGEBOTSFORMEN › Frische Zitronengrasstängel sind im Asienladen und häufig auch an der Gemüsetheke von Einzelhandel und

Supermärkten erhältlich, getrocknetes Zitronengras im Gewürzregal. Kräutergärtnereien bieten Jungpflanzen an.

IN DER KÜCHE › Klein geschnitten oder leicht angedrückt dient die helle verdickte Stängelbasis als Gewürz. Das getrocknete Kraut wird eher für Tees verwendet.

MINIREZEPT ZUM KENNENLERNEN: ZITRONENGRASHUHN
4 große Hähnchenkeulen waschen, trocken tupfen und in eine flache Form geben. 1 Stängel Zitronengras, 3 Frühlingszwiebeln und 15 g Ingwer putzen oder schälen, klein schneiden und mit Pfeffer, 3 EL Erdnussöl, 1 EL Honig, 3 EL Fischsauce und 2 EL heller Sojasauce verrühren. Die Hähnchenkeulen damit übergießen und 1 Stunde zugedeckt im Kühlschrank marinieren lassen. In einer ofenfesten Pfanne 2 EL Erdnussöl erhitzen und die abgetropften Keulen darin rundum anbraten, dann im vorgeheizten Ofen bei 160 °C in etwa 30 Minuten fertig braten, dabei wiederholt mit etwas Marinade begießen. Die Hähnchenkeulen nach Belieben mit Basmatireis servieren.

BESONDERS GUT ZU › Zitronengras aromatisiert sehr viele südostasiatische Gerichte, etwa Marinaden, Saucen, Suppen, Wokgerichte mit Seafood, Fleisch und Gemüse, Currys sowie Süßspeisen und Getränke.

VERTRÄGT SICH GUT MIT DIESEN KRÄUTERN › Currykraut, Koriander, Perilla, Rau om, Thai-Basilikum.

TIPPS ANBAU & ERNTE › Zitronengras bevorzugt durchlässige, nährstoffreiche Böden an sonnigen Standorten. Da die Pflanze nicht winterhart ist, empfiehlt sich Topfkultur, so kann sie im Haus überwintern (nicht unter 5 °C). Eine Vermehrung der Staude ist nur über Stecklinge oder Wurzelteilung möglich. Ist die Pflanze groß genug, kann im Sommer die verdickte Stängelbasis geerntet werden. Andernfalls schneidet man ganzjährig einzelne Blätter ab.

AUFBEWAHRUNG UND KONSERVIERUNG › Die Stängel bleiben in einem Gefrierbeutel im Gemüsefach des Kühlschranks problemlos 2 bis 3 Wochen frisch. Sie lassen sich zwar auch trocknen, verlieren dabei aber viel an Aroma.

WISSENSWERTES › Zitronengras ist ein wichtiges Würzkraut in der thailändischen Küche. Das daraus gewonnene Lemongrasöl wird zur Parfümherstellung und als Heilmittel eingesetzt.

Melissa officinalis

ZITRONEN-MELISSE

ANDERE NAMEN › Bienenkraut, Citronelle, Herzkraut, Honigblatt, Melisse.

VERBREITUNG › Melisse wird heute weltweit in den gemäßigten Zonen der Erde kultiviert.

AUSSEHEN UND MERKMALE › Die buschige Staude aus der Familie der Lippenblütler kann bis zu 90 cm hoch werden, hat vierkantige, dünn behaarte Stängel und eiförmig-spitze, grob gesägte, oben leicht behaarte, grüne Blätter. Die kleinen gelblich weißen Blüten erscheinen von Juli bis September.

AROMA UND GESCHMACK › Die Blätter haben ein angenehmes, feines Zitronenaroma, schmecken erfrischend und leicht minzig.

WIRKUNG › Melisse wirkt entspannend, beruhigend, krampflösend und hilft bei Schlafstörungen und Lippenherpes.

ANGEBOTSFORMEN › Zitronenmelisse gibt es im Lebensmittelhandel als Bundware und Topfkraut. Bei Kräutergärtnereien sind Jungpflanzen in verschiedenen Sorten erhältlich.

IN DER KÜCHE › Frische Blätter, getrocknet auch für Tee.

MINIREZEPT ZUM KENNENLERNEN: MELISSEN-GRANITÉ

30 g Zitronenmelisseblätter waschen, mit 1/8 l kochendem Wasser übergießen und 24 Stunden ziehen lassen. Die Flüssigkeit durch ein feines Sieb gießen, mit 125 g Zucker aufkochen und köcheln, bis sie klar ist. Den Sirup abkühlen lassen. 50 ml abmessen und mit 1/2 l Prosecco sowie 2 EL in Streifen geschnittenen Zitronenmelisseblättern in eine flache Form geben und einfrieren. Sobald die Flüssigkeit zu gefrieren beginnt, die Kristalle wiederholt vom Rand schaben, bis das Granité eine gleichmäßige Körnung hat. In Gläser füllen und mit Melisse garniert servieren.

BESONDERS GUT ZU › Kräuterbutter, Dips, Chutneys, Saucen, Suppen, Salaten, Fisch und Eiergerichten sowie zu Süßspeisen, Obstsalaten, Konfitüren, Tees, Limonaden und Drinks.

VERTRÄGT SICH GUT MIT DIESEN KRÄUTERN › Dill, Engelwurz, Gewürzfenchel, Goldmelisse, Kerbel, Minze, Petersilie, Pimpinelle, Schnittlauch, Ysop.

TIPPS ANBAU & ERNTE › Melisse liebt lockere, humose Böden an sonnigen bis halbschattigen Standorten. Da die Pflanze zum Wuchern neigt, sollte sie nach der Blüte zurückgeschnitten oder im Topf gehalten werden. Vermehren lässt sie sich am besten durch Teilung des Wurzelstocks. Vor Beginn der Blüte ernten, dann sind die Blätter am aromatischsten.

AUFBEWAHRUNG UND KONSERVIERUNG › Melisse hält im Kühlschrank 2 bis 3 Tage. Sie kann auch eingefroren und getrocknet werden, verliert dabei aber Aroma.

WISSENSWERTES › Melisse ist ein wertvolles, seit der Antike bekanntes, bei uns seit dem Mittelalter (Hildegard von Bingen) geschätztes Heil- und Würzkraut. Pariser Karmelitermönche waren es, die 1611 die Rezeptur des Universalheilmittels »Klosterfrau Melissengeist« erfanden, der dann von der Ordensschwester Maria Clementine Martin 1825 destilliert und ab 1831 unter dem eigenen, bis heute bekannten Markennamen mit Erfolg vertrieben wurde.

Aloysia triphylla (Syn. *A. citriodora, Lippia citriodora*)

ZITRONEN-VERBENE

ANDERE NAMEN › Zitronenstrauch, Zitronenduftstrauch, Verveine.

VERBREITUNG › Die aus Südamerika stammende Pflanze (Uruguay, Argentinien, Chile) gelangte im 18. Jahrhundert nach Europa.

AUSSEHEN UND MERKMALE › Der mehrjährige, nicht winterharte, laubabwerfende Strauch aus der Familie der Eisenkrautgewächse erreicht in seiner Heimat Höhen von 5 und mehr Metern. Als Kübelpflanze wird er bei uns selten höher als 1 bis 1,5 m. Die langen schmalen, lanzettartigen Blätter sitzen an verholzenden Zweigen. Von Juli bis September erscheinen kleine weiße bis zartrosa Blüten.

AROMA UND GESCHMACK › Die Blätter verströmen beim Darüberstreichen einen intensiven, frischen Zitrusduft, schmecken nach Zitrone und sind leicht scharf.

WIRKUNG › Zitronenverbene wirkt beruhigend, krampflösend, verdauungsfördernd und hilft bei Magenbeschwerden.

ANGEBOTSFORMEN › Als Jungpflanze in Kräutergärtnereien erhältlich, getrocknet als Tee im Einzelhandel und in Apotheken.

IN DER KÜCHE › Frische, fein geschnittene Blätter dienen dort als Gewürz, wo ein frisches Zitrusaroma ohne Säure gewünscht ist. Getrocknete Blätter ergeben exzellente Kräutertees.

MINIREZEPT ZUM KENNENLERNEN: ZITRONENVERBENE-SIRUP

25 g Zitronenverbeneblätter waschen und trocknen. In einem Topf 1/2 l Wasser mit 500 g Zucker kochen, bis der Sirup klar ist. Die Kräuterblätter mit 1/2 in Scheiben geschnittenen Bio-Zitrone in ein hohes Einmachglas geben, mit dem Sirup übergießen und zugedeckt 1 Woche kühl ziehen lassen. Dann den Sirup aufkochen, durch ein feines Sieb gießen und in kleine Flaschen abfüllen. Zitronenverbene-Sirup aromatisiert Getränke (Sekt, Mineralwasser) und Desserts (Cremes, Eis), ohne sie zu stark zu säuern.

BESONDERS GUT ZU › Zum Aromatisieren von Drinks, Obstsalaten und Desserts sowie für pikante Saucen, Marinaden, Salate, Fisch und Geflügel. In asiatischen Gerichten eignen sich die Blätter als Ersatz für Zitronengras oder Limettenblätter.

VERTRÄGT SICH GUT MIT DIESEN KRÄUTERN › Gewürztagetes, Limetten-Agastache, Zitronenbasilikum, -melisse und -thymian.

TIPPS ANBAU & ERNTE › Die Pflanze liebt durchlässige, nährstoffreiche Böden an sonnigen Standorten. Ein wiederholtes Kürzen der Zweige lässt den Strauch buschiger werden. Geerntet werden die ganzen Triebspitzen nach Bedarf. Zum Überwintern am besten in einen kühlen, hellen Raum stellen.

AUFBEWAHRUNG UND KONSERVIERUNG › Frische Zweige halten im Wasserglas oder in einem Gefrierbeutel im Kühlschrank einige Tage. Die Blätter eignen sich gut zum Trocknen, da sie ihr Aroma lange behalten.

WISSENSWERTES › Im viktorianischen England war die Zitronenverbene als Duftpflanze überaus beliebt. Bis heute ist das aus den Blättern gewonnene ätherische Öl eine begehrte, kostbare Zutat in der Parfüm- und Seifenherstellung. Ganz ähnlich sieht der verwandte Argentinische Minzstrauch (*Lippia polystacha*) aus, ebenfalls ein Eisenkrautgewächs, aber mit ausgeprägtem Minzaroma. Auch er lässt sich sehr gut trocknen und ergibt einen aromatischen Kräutertee.

KRÄUTERKOMBINATIONEN

AALKRÄUTER › In Belgien und den Niederlanden begleitet eine Mischung aus Dill, Estragon, Kerbel, Lorbeerblatt und Sauerampfer den grünen Aal. In die Hamburger Aalsuppe gehört eine – je nach Koch verschiedene – Zusammenstellung aus folgenden Kräutern: Basilikum, Bohnenkraut, Dill, Kerbel, Majoran, Minze, Petersilie, Portulak, Salbei, Schnittsellerie, Thymian, Tripmadam und Zitronenmelisse.

ASIATISCHE KRÄUTER › In den südostasiatischen Küchen (Laos, Myanmar, Thailand, Vietnam) sowie in der japanischen Küche spielen Kräuter eine wichtige Rolle. Hierzu zählen etwa der Chinesische Gewürzstrauch, Japanische Petersilie, Koriander, Perilla (Shiso), Rau om, Schnittknoblauch, Thai-Basilikum, Vap Ca, Vietnamesischer Koriander, Vietnamesische Melisse, Wasabi und Zitronengras.

BOUQUET GARNI › Mit Küchengarn fixierte Kräutersträußchen dienen zum Aromatisieren von Saucen und Fonds:
– klassisch: 3 Stängel glatte Petersilie, 1 Thymianzweig und 1 Lorbeerblatt.
– Bouquet garni für Fischfond: Estragon, Thymian, viel Petersilie und Schnittsellerie.
– Bouquet garni für Rind- und Wildfond: Lorbeerblätter, Petersilie, Rosmarin, Thymian und Schnittsellerie.
– Bouquet garni für Fleischgerichte: glatte Petersilie, Rosmarin, Salbei, Schnittsellerie, Thymian.

EINLEGEKRÄUTER (GURKEN) › Beifuß, Dill, Estragon, Lorbeerblätter.

ESSIGKRÄUTER (GEMÜSE, KRÄUTERESSIG) › Basilikum, Bohnenkraut, Dill, Estragon, Kapuzinerkresseblüten, Liebstöckel, Petersilie, Schnittlauch, Thymian und Zitronenmelisse.

FINES HERBES › Klassische Mischung feiner Kräuter aus Frankreich, traditionell aus Estragon, Kerbel, Petersilie und Schnittlauch. Heute kommen teils noch Basilikum, Thymian oder Rosmarin hinzu. Zwar sind Fines herbes im Handel getrocknet erhältlich, in der Regel werden jedoch die frischen, fein gehackten Blätter zum Würzen von Saucen und Dips, Suppen, Eierspeisen und Gemüse verwendet.

FRANKFURTER KRÄUTER › Zur klassischen Mischung für die »Grie Soß« gehören 7 Kräuter: Borretsch, Gartenkresse, Kerbel, Petersilie, Pimipinelle, Sauerampfer und Schnittlauch. Es gibt aber auch Varianten mit Dill, Estragon und Zitronenmelisse. Die Sauce wird zu gekochtem Fleisch (Ochsen-brust), Pellkartoffeln und hart gekochten Eiern serviert.

KRÄUTER DER PROVENCE › Zur klassischen französischen Kräutermi-schung Herbes de Provence zählen Bohnenkraut, Majoran, Lavendel, Oregano, Rosmarin und Thymian, wobei Letze-rer den Löwenanteil ausmacht. Es können auch Anis, Basi-likum und Ysop mit dazukommen. Kräuter der Provence werden meist mitgegart und aromatisieren viele mediter-rane Gerichte. So würzen sie Fleisch, Geflügel und Fisch, aber auch Gemüse- und Grillgerichte sowie Pizza.

MEDITERRANE KRÄUTER › In den Mittelmeerküchen besonders beliebt sind Basilikum, Bohnenkraut, Gewürzfenchel, Lavendel, Lorbeer, Oregano, Rauke, Rosmarin, Salbei und Thymian.

PIZZAKRÄUTER › Zum Würzen von Pizza und Fladenbrot eignen sich robuste Kräuter wie Oregano, Rosmarin und Thymian.

SALATKRÄUTER › Klassische Kräuter für Salatsaucen sind: Dill, Estra-gon, Kerbel, Kresse, Petersilie, Pimpinelle, Schnittlauch und Zitronenmelisse. Auch die folgenden Kräuter schme-cken gut im Salat: Eiskraut, Kapuzinerkresse, Liebstöckel, Muskatkraut, Perilla, Pilzkraut, Portulak, Rauke, Schnitt-knoblauch, Schnittsellerie, Ysop und Zitronenverbene. In Wildkräutersalate passen Bärlauch, Brennnessel, Brun-nenkresse, Giersch, Gundermann, Knoblauchsrauke, Löwenzahn, Sauerampfer und Scharbockskraut.

SUPPENKRÄUTER › Klassisch sind Brunnenkresse, Estragon, Kerbel, Liebstöckel, Majoran, Petersilie, Schnittlauch und -sellerie.

TEXMEX-KRÄUTER › Immer beliebter werden Kräuter aus der mexika-nischen Küche. Hierzu zählen Koriander, Limetten-Agastache, Mexikanischer Koriander, Mexikanischer Oregano und Pfefferblatt.

ZATAR, SATAR › Mit Zatar, Zahtar, Za'atar oder Satar werden in der Tür-kei, im Nahen Osten und in Nordafrika verschiedene Kräu-ter mit einem starken Thymian-Oregano-Aroma bezeichnet (S. 144) sowie eine Würzmischung aus getrocknetem Zatar-kraut, gemahlenem Sumach, geröstetem Sesam und Salz. Vermischt mit Olivenöl wird die Mischung vor dem Backen auf Fladenbrote gestrichen, sie aromatisiert aber auch Fleisch und Dips.

REGISTER

REZEPTREGISTER NACH KRAUT

BEZUGSADRESSEN

Anbei einige Adressen von Kräuter- und Staudengärtnereien, bei denen Sie Kräuter vor Ort kaufen oder online bestellen können:

Artemisia – Allgäuer Kräutergarten
Hopfen 29, D-88167 Stiefenhofen im Allgäu
Tel. +49 (0) 83 86/96 05 10, Fax +49 (0) 83 86/96 15 20
Email: info@artemisia.de, Internet: www.artemisia.de

Bio-Gärtnerei Christian Herb – Blumen und Kräuter
Heiligkreuzerstr. 70, D-87439 Kempten
Tel. +49 (0) 8 31/9 33 31
Email: info@Bio-Kraeuter.de, Internet: www.bio-kraeuter.de

Calendula Kräutergarten
Storchshalde 200, D-70378 Stuttgart-Mühlhausen
Tel. +49 (0) 7 11/53 06 94 73, Fax: +49 (0) 7 11/5 30 29 42
Email: info@calendula-kraeutergarten.de
Internet: www.calendula-kraeutergarten.de

Dreschflegel Bio-Saatgut
In der Aue 31, D-37213 Witzenhausen
Tel +49 (0) 55 42/50 27 44, Fax: +49 (0) 55 42/50 27 58
Email: info@dreschflegel-saatgut.de, Internet: www.dreschflegel-saatgut.de

Essbare Landschaften GmbH – Frische Wildkräuter und Blüten
Gutshaus Boltenhagen, D-18516 Süderholz
Tel +49 (0) 3 83 26/53 57 80, Fax: + 49 (0) 3 83 26/53 57 81
Email: info@essbarelandschaften.de, Internet: www.essbarelandschaften.de

Die Kräuterei (Bio-Kräuter, -Stauden, -Duftpelargonien)
Alexanderstr. 29, D-26121 Oldenburg
Tel + 49 (0) 4 41/88 23 68, Fax: +49 (0) 4 41/88 23 68
Email: kraeuterei@t-online.de, Internet: www.kraeuterei.de

PflanzenReich – Kräuter- und Staudengärtnerei
FLOWERGROUP, Dipl. Ing. (FH) Dirk Mann
Schönbacher Str. 25, D-02708 Lawalde
Tel +49 (0) 35 85/40 37 38, Fax: +49 (0) 35 85/41 65 59
Email: info@pflanzenreich.com, Internet: www.pflanzenreich.com

Raritätengärtnerei Treml
Eckerstr. 32, D-93471 Arnbruck
Tel +49 (0) 99 45/90 51 00
Email: treml@pflanzentreml.de, Internet: www.pflanzen-treml.de

Rühlemann's Kräuter- & Duftpflanzen
Auf dem Berg 2, D-27367 Horstedt
Tel. +49 (0) 42 88/92 85 58, Fax +49 (0) 42 88/92 85 59
Email: info@ruehlemanns.de, Internet: www.ruehlemanns.de

Sortiments- und Versuchsgärtnerei Simon
Staudenweg 2, D-97828 Marktheidenfeld
Tel. +49 (0) 93 91/35 16, Fax +49 (0) 93 91/21 83
Email: post@gaertnerei-simon.de, Internet: www.gaertnerei-simon.de

Staudengärtnerei Gaissmayer
Jungviehweide 3, D-89257 Illertissen
Tel. +49 (0) 73 03/72 58, Fax +49 (0) 73 03/4 21 81
Email: info@gaissmayer.de, Internet: www.gaissmayer.de

Syringa Duftpflanzen und Kräuter
Bachstr. 7, D-78247 Binningen
Tel. +49 (0) 77 39/14 52, Fax +49 (0) 77 39/6 77
Email: info@syringa-pflanzen.de, Internet: www.syringa-pflanzen.de

LITERATURHINWEISE

Bühring, Ursel: Alles über Heilpflanzen. Erkennen, anwenden, gesund bleiben. Stuttgart 2007.

Das große Buch der Kräuter & Gewürze. München 2008.

Fleischhauer, Steffen Guido/Guthmann, Jürgen/Spiegelberger, Roland: Essbare Wildpflanzen. 200 Arten bestimmen und verwenden. Baden 2007.

Gaissmayer, Dieter: Katalog Küchenkräuter und Gesamtkatalog. Illertissen o. J.

Greiner, Karin/Weber, Angelika: Kräuter. Das neue Standardwerk mit über 200 beliebten Kräutern im Porträt. München 2006.

Kötter, Engelbert: Das große GU PraxisHandbuch Kräuter. München 2009.

Rühlemann, Daniel: Katalog Kräuter und Duftpflanzen 2012, Heft Nr. 20, Horstedt 2012.

BILDNACHWEIS

© 2013
GRÄFE UND UNZER VERLAG
GmbH, München

Alle Rechte vorbehalten. Nach-
druck, auch auszugsweise, sowie die Verbreitung durch Film,
Funk, Fernsehen und Internet,
durch fotomechanische Wie-
dergabe, Tonträger und Daten-
verarbeitungssysteme jeder Art
nur mit schriftlicher Genehmi-
gung des Verlages.

Projektleitung: Monika Greiner
Lektorat: Katharina Lisson
Korrektorat: Ulrike Wagner
**Innenlayout, Typografie und
Umschlaggestaltung:**
independent Medien-Design,
Horst Moser, München
Satz: Uhl + Massopust GmbH,
Aalen
Herstellung: Markus Plötz
Reproduktionen:
Repro Ludwig, Zell am See
Druck + Bindung: Printer,
Trento

ISBN: 978-3-8338-2896-6
7. Auflage 2018

 www.facebook.com/gu.verlag

Umwelthinweis
Dieses Buch ist auf PEFC zerti-
fiziertem Papier aus nachhalti-
ger Waldwirtschaft gedruckt.

Ein Unternehmen der
GANSKE VERLAGSGRUPPE

QUALITÄTS
G|U
GARANTIE

DIE GU-QUALITÄTS-GARANTIE

Wir möchten Ihnen mit den Informationen und Anregungen in diesem
Buch das Leben erleichtern und Sie
inspirieren, Neues auszuprobieren.
Alle Informationen werden von unseren Autoren gewissenhaft erstellt
und von unseren Redakteuren sorg-
fältig ausgewählt und mehrfach
geprüft. Deshalb bieten wir Ihnen
eine 100%ige Qualitätsgarantie.
Sollten wir mit diesem Buch Ihre
Erwartungen nicht erfüllen, lassen
Sie es uns bitte wissen! Wir tau-
schen Ihr Buch jederzeit gegen ein
gleichwertiges zum gleichen oder
ähnlichen Thema um.
Wir freuen uns auf Ihre Rückmeldung,
auf Lob, Kritik und Anregungen, damit wir für Sie immer besser werden
können.

GRÄFE UND UNZER Verlag
Leserservice
Postfach 86 03 13
81630 München
E-Mail:
leserservice@graefe-und-unzer.de

Telefon:	00800 / 72 37 33 33*
Telefax:	00800 / 50 12 05 44*
Mo–Do:	9.00 – 17.00 Uhr
Fr:	9.00 – 16.00 Uhr

(* gebührenfrei in D, A, CH)

Ihr GRÄFE UND UNZER Verlag
Der erste Ratgeberverlag – seit 1722.

KV